DEUTSCHE TEXTE

20

THEORIE UND TECHNIK
DES ROMANS
IM 20. JAHRHUNDERT

HERAUSGEGEBEN

VON

HARTMUT STEINECKE

MAX NIEMEYER VERLAG TÜBINGEN

1972

In den *Deutschen Texten* werden poetische, kritische und theoretische Texte aus dem gesamten Bereich der deutschen Literatur bis zur Gegenwart sowie dazugehörige Materialien und Dokumente veröffentlicht. Die Wahl der Themen, die Zusammenstellung der Texte und die Anlage der Bände entsprechen der Zielsetzung der Reihe: die *Deutschen Texte* sind für den Unterricht in Literaturgeschichte und Literaturwissenschaft an den Universitäten und den höheren Schulen bestimmt.

ISBN 3-484-19019-1
© Max Niemeyer Verlag Tübingen 1972
Alle Rechte vorbehalten · Printed in Germany
Satz und Druck: Buchdruckerei Eugen Göbel, Tübingen
Einband von Heinr. Koch, Tübingen

INHALTSVERZEICHNIS

THOMAS MANN
  1 Versuch über das Theater (1908) 1
  2 Der autobiographische Roman (1916) 3
  3 Einführung in den „Zauberberg" (1939) 5
  4 Die Kunst des Romans (1939) 7

CARL EINSTEIN
  5 Anmerkungen über den Roman (1912) 12

GEORG LUKÁCS
  6 Die Theorie des Romans. Ein geschichtsphilosophischer Versuch über die Formen der großen Epik (1916) 15

ALFRED DÖBLIN
  7 Bemerkungen zum Roman (1917) 20
  8 Der Bau des epischen Werkes (1929) 23
  9 Der historische Roman und wir (1936) 31

OTTO FLAKE
  10 Vorwort zu „Die Stadt des Hirns" (1919) 34

ROBERT MUSIL
  11 Interview mit Oskar Maurus Fontana: Was arbeiten Sie? (1926) 36
  12 Manas (Alfred Döblin: Manas. Epische Dichtung) (1927) . 40
  13 Der Mann ohne Eigenschaften (1930) 42
  14 Aus einem Notizbuch (1932) 43
  15 Aufzeichnungen zur Krisis des Romans (ca. 1930–1932) . 44

JAKOB WASSERMANN
  16 Über „Publikumserfolg" (1928) 46

HERMANN BROCH
  17 Brief an Daniel Brody vom 5. 8. 1931 48
  18 James Joyce und die Gegenwart (1932) 49
  19 Das Weltbild des Romans (1933) 55
  20 Bemerkungen zum „Tod des Vergil" (ca. 1945) 57
  21 Entstehungsbericht der „Schuldlosen" (1950) 59

WALTER BENJAMIN
  22 Der Erzähler. Betrachtungen zum Werk Nikolai Lesskows (1936) 60

BERTOLT BRECHT
  23 Über den formalistischen Charakter der Realismustheorie (ca. 1938) 65
  24 Übergang vom bürgerlichen zum sozialistischen Realismus (ca. 1940) 66

GOTTFRIED BENN
  25 Brief an Friedrich Wilhelm Oelze vom 3. 5. 1944 68
  26 Doppelleben (1950) 69

HEINRICH MANN
  27 Ein Zeitalter wird besichtigt (1947) 70

FRANK THIESS
  28 Zum Gestaltwandel des Romans (1950) 71

ERICH KAHLER
  29 Untergang und Übergang der epischen Kunstform (1953) . 73

THEODOR W. ADORNO
  30 Form und Gehalt des zeitgenössischen Romans (1954) . . 77

ARNOLD ZWEIG
  31 Der Roman lebt (1955) 81

HEIMITO VON DODERER
  32 Grundlagen und Funktion des Romans (1958) 83

ERNST KREUDER
  33 Das Unbeantwortbare. Die Aufgaben des modernen Romans (1959) 91

HERBERT EISENREICH
  34 Roman und Zeitgeist (1959) 93
  35 Der Roman. Keine Rede von der Krise (1961) 96

HEINRICH BÖLL
  36 Über den Roman (1960) 98

ALFRED ANDERSCH
  37 Interview mit Horst Bienek (1962) 100

JÜRGEN BECKER
    38 Gegen die Erhaltung des literarischen status quo (1964) . 103

ALBERT PARIS GÜTERSLOH
    39 Der innere Erdteil. Aus den „Wörterbüchern" (1966) . . 108

REINHARD BAUMGART
    40 Aussichten des Romans oder Hat Literatur Zukunft? Frankfurter Vorlesungen (1968) 111

WOLFGANG HILDESHEIMER
    41 Frankfurter Vorlesungen (1969) 116

HELMUT HEISSENBÜTTEL
    42 Briefe an Heinrich Vormweg (1969) 119

DIETER WELLERSHOFF
    43 Fiktion und Praxis (1969) 122

NACHWORT 125

QUELLENVERZEICHNIS 131

LITERATURHINWEISE 135

REGISTER 140

1 THOMAS MANN: Versuch über das Theater (1908)

[...] Aber angenommen, daß eine größere Zusammengesetztheit der Wirkungsarten einer Kunstgattung ihren vornehmeren Rang bewiese: sind im Roman nicht Lyrik und Drama beschlossen, so gut wie im Drama Epos und Lyrik? Ist der Roman nur Deskription und äußere Gegenständlichkeit oder nicht etwa auch Seele, Leidenschaft, Schicksal? Bietet er nicht die lyrische Kontemplation des Monologs und die stürmische Bewegung der Wechselrede? Gibt er nicht Mienenspiel, Gestenspiel, pittoreske Sichtbarkeit? Wo ist der Dramenauftritt, der eine moderne Romanszene an Präzision des Gesichtes, an intensiver Gegenwart, an Wirklichkeit überträfe? Sie ist tiefer, behaupte ich, diese Wirklichkeit, im Roman als im Drama. Nietzsche bemerkt, die Kunst gehe von der natürlichen Unwissenheit des Menschen über sein Inneres als Leib und Charakter aus. „In der Tat", sagt er in dem skeptischen Aphorismus vom ‚Geschaffenen Menschen', „in der Tat verstehen wir von einem wirklichen, lebendigen Menschen nicht viel und generalisieren sehr oberflächlich, wenn wir ihm diesen und jenen Charakter zuschreiben: Dieser unserer sehr unvollkommenen Stellung zum Menschen entspricht nun der Dichter, indem er ebenso oberflächliche Entwürfe zu Menschen macht (in diesem Sinne ‚schafft'), als unsere Erkenntnis der Menschen oberflächlich ist. Es ist viel Blendwerk bei diesen geschaffenen Charakteren der Künstler ... Der erdichtete Mensch, das Phantasma, will etwas Notwendiges bedeuten, doch nur bei solchen, welche auch einen wirklichen Menschen nur in einer rohen, unnatürlichen Simplifikation verstehen ... Sie sind also bereit, das Phantasma als wirklichen, notwendigen Menschen zu behandeln, weil sie gewöhnt sind, beim wirklichen Menschen ein Phantasma, einen Schattenriß, eine willkürliche Abbreviatur für das Ganze zu nehmen." Dies trifft, wie mir scheint, für das Drama in weit höherem Maße zu als für den Roman, wie denn der große Erkenner und Entlarver des Künstlers den Dramatiker auch besonders nennt. Der Vorwurf der rohen Simplifikation und willkürlichen Abbreviatur, der Oberflächlichkeit, des Schattenhaften und der mangelhaften Erkenntnis ist beim Roman weit weniger am Platze als beim Drama; es ist kein Zufall, daß sich im Schauspiel und nicht im Roman jene stereotypen und in bezug auf individuelle Vollständigkeit überhaupt völlig anspruchslosen Figuren und Vogelscheuchen des ‚Vaters', des ‚Liebhabers', des ‚Intriganten', der ‚Naiven', der ‚komischen Alten' entwickelt haben, und es ist ein Gleichnis, daß auf der älteren Bühne die Darsteller dem Publikum nur im Profil und von vorn, aber niemals von hinten sich zeigen durften. Der Roman ist genauer, vollständiger, wissender, gewissenhafter, tiefer als das Drama, in allem, was die Erkenntnis der Menschen als Leib und Charakter betrifft, und im Gegensatz zu der Anschauung, als sei das Drama das eigentlich plastische Dichtwerk, bekenne ich, daß ich es vielmehr als eine Kunst der Silhouette und den erzählten Menschen allein als rund, ganz, wirklich und plastisch empfinde. Man ist Zuschauer bei einem Schauspiel; man ist mehr als das in einer erzählten Welt. Ich weiß nicht, ob je einem Dramatiker die Genugtuung geworden ist, aus seinem Publikum den Gruß zu vernehmen: „Wir leben mit deinen Menschen, wir kennen sie ganz, sie sind uns vertrauter noch als die Nächsten, Liebsten"? „Ich habe deinem Helden einen Abend lang zugesehen, und im vierten Akt hat er mich ungemein erschüttert", – das ist alles, was man dem Dramatiker sagen kann. Viel mehr als der Roman kommt das Schauspiel der natürlichen Unwissenheit des Menschen über den Menschen entgegen. Es ist eine Kunst für solche, die auch im wirklichen Leben gewohnt sind, eine Handlung für einen Charakter, fremdes Schicksal für ein Objekt des Gaffens und eine rohe Vereinfachung, das Produkt ihrer egoistischen Erkenntnisträgheit, für den ganzen Menschen zu nehmen. Es ist eine Kunst für die Menge ... [...]

Sind es also technische Vornehmheiten, höhere Verpflichtungen der Komposition, welche das Drama auszeichnen? Aber jene zweckvolle Auswahl und Sonderung, jene Straffheit, Konzentration und ideelle Gedrängtheit, die das Drama verlangt, man findet sie im hohen Roman sowohl wie in der Novelle wieder. „Keine Details außerhalb des Gegenstandes", gebot Flaubert, „die gerade Linie." Wenn man mir aber einwendet, der Roman besitze die Möglichkeit, sich selbst zu interpretieren, und hierin beruhe seine Unterlegenheit als Form, so antworte ich, daß das Drama diese Möglichkeit ebensowohl besitzt wie der Roman und naiver- oder ironischerweise sehr oft davon Gebrauch gemacht hat; daß aber beide desto weniger davon Gebrauch machen werden, je weiter sie in der technisch-formalen Entwicklung vorgeschritten sind. Es ist die berühmte ‚indirekte Charakteristik‘, die hier in Rede steht und von der man nicht gar zuviel Aufhebens machen sollte. Indirektheit ist, sollte ich denken, Bedingung und Merkmal aller gestaltenden Kunst, und es ist die psychologische Beschränktheit jeder bindend direkten Beurteilung und Kennzeichnung seiner Geschöpfe, die dem Künstler wider die innersten Instinkte geht. Sind Dostojewski's ‚Dämonen‘ direkt? Ist Meyers ‚Heiliger‘ direkt? Das mögen ausgesuchte Beispiele sein. Aber der bescheidenste Geschichtenerzähler wird heute nicht mehr seine Heldin dem Publikum als ‚liebenswürdiges Frauenzimmer‘ präsentieren, sowenig wie, ohne romantischen Spaß, der Dramatiker eine Figur mit den Worten einführen wird: „Ich bin der wackere Bonifacius." Der epische Vortrag ist kein Gerede, sondern ein Darstellungsmittel, und wer erfahren hat, welcher ironischen Unverbindlichkeit, welcher feinsten Indirektheit er fähig ist, der weiß, daß der Roman an Raffinement der Technik dem Drama zum mindesten nicht nachsteht; daß die Kunst sich nicht unbedingt im Dialog zu offenbaren braucht; und daß der Satz von Rosalie und ihrem „Adieu" der keckste Unsinn ist, der je schwarz auf weiß gesetzt wurde.

Nein, nein, das alles ist das Begriffsgerät einer Ästhetik, die sich heute noch sperrt, dem Roman überhaupt das Heimatrecht im poetischen Reiche zuzuerkennen. [...]

2 THOMAS MANN: Der autobiographische Roman (1916)

[...] Nicht wahr, der Roman überhaupt, in seiner Gemischtheit aus synthetisch-plastischen und analytisch-kritischen Elementen ist eigentlich keine sehr deutsche Gattung. Er ist es am wenigsten, sofern er politisch, sofern er Gesellschaftskritik ist. Es gibt unterdessen eine Spielart des Romans, die allerdings deutsch, typisch-deutsch, legitim-national ist, und dies ist eben der autobiographisch erfüllte Bildungs- und Entwicklungsroman. Wir sind ferner, denke ich, einig darüber, daß die Vorherrschaft dieses Romantyps in Deutschland, die Tatsache seiner besonderen nationalen Legitimität, aufs engste zusammenhängt mit dem deutschen Humanitätsbegriff, welchem, da er das Produkt einer Epoche ist, in der die Gesellschaft in Atome zerfiel und die aus jedem Bürger einen Menschen machte, das politische Element von jeher fast völlig fehlte: mit dem deutschen, romantisch-unpolitischen Individualismus also, jenem Bildungsindividualismus, den man mit dem neudeutschen Staatssozialismus zu versöhnen trachtet, indem man ihn seine Ergänzung nennt.

Das wäre gut und schön, wenn wirklich das Spiel nur um die Gegensätzlichkeit und Versöhnbarkeit von Bildungsindividualismus und Staatssozialismus ginge. Die geistige Entwicklung, der Fortschritt in fortschrittlicher Richtung aber, in welchem Deutschland sich seit geraumer Zeit befindet und der durch den Krieg mit höchster Wahrscheinlichkeit einen mächtigen Antrieb erfahren wird, führt in Wahrheit beträchtlich weiter. Es ist das ein Prozeß, für den es vielleicht nicht spricht, daß eine Handvoll zweifelhafter Kunstwörter nötig ist, um ihn zu bezeichnen. Es ist die Politisierung, Literarisierung, Intellektualisierung, Radikalisierung Deutschlands; es ist seine ‚Vermenschlichung' im westlich-politischen Sinne und seine Enthumanisierung im deutschen; es ist, um das Lieblingswort, den Kriegs- und Jubelruf desjenigen zu brauchen, dessen eigentliche Sache und Sendung die Anfeuerung dieses Prozesses ist, des radikalen Literaten nämlich, die Demokratisierung Deutschlands –, ein sehr summarisches Wort, das alles in allem eine Anähnlichung der deutschen Geistesverfassung an die des europäischen Westens und des Weltwestens überhaupt besagen will. Der genaue Gradmesser aber für den Fortschritt dieses Prozesses wird das Vortreten des Romans, genauer: des Gesellschaftsromans und der politisch-sozialen Satire im öffentlichen Interesse sein.

Was Wunder nun, wenn auf der anderen Seite, unter der Einwirkung dieses Prozesses, die ursprünglich nationale Form der deutschen Prosa-Epopöe, der individualistische deutsche Bildungsroman, der Zersetzung anheimfiele? Das läge im Gang der Entwicklung, das wäre ganz nach dem Sinne des Fortschritts. Welches war denn aber von jeher das Mittel und Werkzeug aller Zersetzung? Es war der Intellekt. Und welches war immer die Kunstform, in die der Instinktwille zu intellektualistischer Zersetzung sich mit Vorliebe, ja mit Notwendigkeit kleidete? Es war immer die Parodie. Der deutsche Bildungs- und Entwicklungsroman, parodiert und der Schadenfreude des Fortschritts ausgesetzt als Autobiographie eines Hochstaplers und Hoteldiebes –, das wäre dann also der melancholisch-politische Zusammenhang, in den ich dies Buch zu stellen hätte? [...]

3 Thomas Mann: Einführung in den „Zauberberg" (1939)

[...] Der ‚Zauberberg' ist in fast alle europäischen Sprachen übersetzt worden, und soweit ich darüber urteilen kann, hat keines meiner Bücher in der Welt überhaupt und, ich konstatiere es mit Freude, besonders in Amerika so viel Interesse erregt wie dieses.

Was soll ich nun über das Buch selbst sagen und darüber, wie es etwa zu lesen sei? Der Beginn ist eine sehr arrogante Forderung, nämlich die, daß man es zweimal lesen soll. Diese Forderung wird natürlich sofort zurückgezogen für den Fall, daß man sich das erste Mal dabei gelangweilt hat. Kunst soll keine Schulaufgabe und Mühseligkeit sein, keine Beschäftigung contre cœur, sondern sie will und soll Freude bereiten, unterhalten und beleben, und auf wen ein Werk diese Wirkung nicht übt, der soll es liegenlassen und sich zu andrem wenden. Wer aber mit dem ‚Zauberberg' überhaupt einmal zu Ende gekommen ist, dem rate ich, ihn noch einmal zu lesen, denn seine besondere Machart, sein Charakter als Komposition bringt es mit sich, daß das Vergnügen des Lesers sich beim zweiten Mal erhöhen und vertiefen wird, – wie man ja auch Musik schon kennen muß, um sie richtig zu genießen. Nicht zufällig gebrauchte ich das Wort „Komposition", das man gewöhnlich der Musik vorbehält. Die Musik hat von jeher stark stilbildend in meine Arbeit hineingewirkt. Dichter sind meistens ‚eigentlich' etwas anderes, sie sind versetzte Maler oder Graphiker oder Bildhauer oder Architekten oder was weiß ich. Was mich betrifft, muß ich mich zu den Musikern unter den Dichtern rechnen. Der Roman war mir immer eine Symphonie, ein Werk der Kontrapunktik, ein Themengewebe, worin die Ideen die Rolle musikalischer Motive spielen. Man hat wohl gelegentlich – ich selbst habe das getan – auf den Einfluß hingewiesen, den die Kunst Richard Wagners auf meine Produktion ausgeübt hat. Ich verleugne diesen Einfluß gewiß nicht, und besonders folgte ich Wagner auch in der Benützung des Leitmotives, das ich in die Erzählung übertrug, und zwar nicht, wie es noch bei Tolstoi und Zola, auch noch in meinem eigenen Jugendroman ‚Buddenbrooks' der Fall ist, auf eine bloß naturalistisch-charakterisierende, sozusagen mechanische Weise, sondern in der symbolischen Art der Musik. Hierin versuchte ich mich zunächst im ‚Tonio Kröger'. Die Technik, die ich dort übte, ist im ‚Zauberberg' in einem viel weiteren Rahmen auf die komplizierteste und alles durchdringende Art angewandt. Und eben damit hängt meine anmaßende Forderung zusammen, den ‚Zauberberg' zweimal zu lesen. Man kann den musikalisch-ideellen Beziehungskomplex, den er bildet, erst richtig durchschauen und genießen, wenn man seine Thematik schon kennt und imstande ist, das symbolisch anspielende Formelwort nicht nur rückwärts, sondern auch vorwärts zu deuten.

Damit komme ich auf etwas schon Berührtes zurück, nämlich auf das Mysterium der Zeit, mit dem der Roman auf mehrfache Weise sich abgibt. Er ist ein Zeitroman in doppeltem Sinn: einmal historisch, indem er das innere Bild einer Epoche, der europäischen Vorkriegszeit, zu entwerfen versucht, dann aber, weil die reine Zeit selbst sein Gegenstand ist, den er nicht nur als die Erfahrung seines Helden, sondern auch in und durch sich selbst behandelt. Das Buch ist selbst das, wovon es erzählt; denn indem es die hermetische Verzauberung seines jungen Helden ins Zeitlose schildert, strebt es selbst durch seine künstlerischen Mittel die Aufhebung der Zeit an durch den Versuch, der musikalisch-ideellen Gesamtwelt, die es umfaßt, in jedem Augenblick volle Präsenz zu verleihen und ein magisches ‚nunc stans' herzustellen. Sein Ehrgeiz aber, Inhalt und Form, Wesen und Erscheinung zu voller Kongruenz zu bringen und immer zugleich das zu sein, wovon es handelt und spricht, dieser Ehrgeiz geht weiter. Er bezieht sich noch auf ein anderes Grundthema, auf das der *Steigerung*, welcher oft das Beiwort ‚alchimistisch' gegeben wird. Sie erinnern sich: der junge Hans Castorp ist ein simpler Held, ein Hamburger Familiensöhnchen und Durchschnittsingenieur. In der fieberhaften Hermetik des Zauberberges aber erfährt dieser schlichte Stoff eine Steigerung, die ihn zu moralischen, geistigen und sinnlichen Abenteuern fähig macht, von denen er sich in der Welt, die immer ironisch als das „Flachland" bezeichnet wird, nie hätte etwas träumen lassen. Seine Geschichte ist die Geschichte einer Steigerung, aber sie ist Steigerung auch in sich selbst, als Geschichte und Erzählung. Sie arbeitet wohl mit den Mitteln des realistischen Romanes, aber sie ist kein solcher, sie geht beständig über das Realistische hinaus, indem sie es symbolisch steigert und transparent macht für das Geistige und Ideelle. Schon in der Behandlung ihrer Figuren tut sie das, die für das Gefühl des Lesers alle mehr sind, als sie scheinen: sie sind lauter Exponenten, Repräsentanten und Sendboten geistiger Bezirke, Prinzipien und Welten. Ich hoffe, sie sind deswegen keine Schatten und wandelnde Allegorien. Im Gegenteil bin ich durch die Erfahrung beruhigt, daß der Leser diese Personen, Joachim, Clawdia Chauchat, Peeperkorn, Settembrini und wie sie heißen, als wirkliche Menschen erlebt, deren er sich wie wirklich gemachter Bekanntschaften erinnert. [...]

4 THOMAS MANN: Die Kunst des Romans (1939)

[...] Erlauben Sie mir das persönliche und unakademische Bekenntnis, daß der Kunstgattung eben, dem *Genius der Epik* selbst meine Liebe und mein Interesse gehören, und sehen Sie es mir nach, wenn ein Vortrag über ‚Die Kunst des Romans' mir unversehens zum Lobe des epischen Kunstgeistes selber wird. Es ist ein gewaltiger und majestätischer Geist, expansiv, lebensreich, weit wie das Meer in seiner rollenden Monotonie, zugleich großartig und genau, gesanghaft und klug-besonnen; er will nicht den Ausschnitt, die Episode, er will das Ganze, die Welt mit unzähligen Episoden und Einzelheiten, bei denen er selbstvergessen verweilt, als käme es ihm auf jede von ihnen besonders an. Denn er hat keine Eile, er hat unendliche Zeit, er ist der Geist der Geduld, der Treue, des Ausharrens, der

Langsamkeit, die durch Liebe genußreich wird, der Geist der verzaubernden Langenweile. Anzufangen weiß er kaum anders als mit dem Urbeginn aller Dinge, und enden mag er überhaupt nicht, – von ihm gilt das Wort des Dichters: „Daß du nicht enden kannst, das macht dich groß." Aber seine Größe ist mild, geruhig, heiter, weise, – ‚objektiv'. Sie nimmt Abstand von den Dingen, sie *hat* Abstand von ihnen ihrer Natur nach, sie schwebt darüber und lächelt auf sie herab, so sehr sie zugleich den Lauschenden oder Lesenden in sie verwickelt, in sie einspinnt. Die Kunst der Epik ist ‚apollinische' Kunst, wie der ästhetische Terminus lautet; denn Apollo, der Fernhintreffende, ist der Gott der Ferne, der Gott der Distanz, der Objektivität, der Gott der Ironie. Objektivität ist Ironie, und der epische Kunstgeist ist der Geist der Ironie.

Hier werden Sie stutzen und sich fragen: Wie, Objektivität und Ironie, was hat das miteinander zu tun? Ist nicht Ironie das Gegenteil der Objektivität? Ist sie nicht eine höchst subjektive Haltung, Ingredienz eines romantischen Libertinismus, welcher aller klassischen Ruhe und Sachlichkeit als ihr Widerpart gegenübersteht? – Das ist richtig. Ironie kann diese Bedeutung haben. Aber ich gebrauche das Wort hier in einem weiteren, größeren Sinn, als der romantische Subjektivismus ihm verleiht. Es ist ein in seiner Gelassenheit fast ungeheurer Sinn: der Sinn der *Kunst* selbst, eine Allbejahung, die eben als solche auch Allverneinung ist; ein sonnenhaft klar und heiter das Ganze umfassender Blick, der eben der Blick der Kunst, will sagen der Blick höchster Freiheit, Ruhe und einer von keinem Moralismus getrübten Sachlichkeit ist. Es war der Blick Goethe's, – der in dem Grade Künstler war, daß er über die Ironie das seltsam-unvergeßliche Wort gesprochen hat: „Sie ist das Körnchen Salz, durch das das Aufgetischte überhaupt erst genießbar wird." Nicht umsonst war er zeit seines Lebens ein so großer Bewunderer Shakespeare's; denn in dem dramatischen Kosmos Shakespeare's herrscht in der Tat diese Welt-Ironie der Kunst, die sein Werk dem Moralisten, der Tolstoi zu sein sich bemühte, so verwerflich erscheinen ließ. Von ihr spreche ich, wenn ich von dem ironischen Objektivismus der Epik spreche. Sie dürfen dabei nicht an Kälte und Lieblosigkeit, Spott und Hohn denken. Die epische Ironie ist vielmehr eine

Ironie des Herzens, eine liebevolle Ironie; es ist die Größe, die voller Zärtlichkeit ist für das Kleine. [...]

Auch Leo Tolstoi war ein moderner Roman-Schriftsteller – der mächtigste wohl freilich von allen. Er ist einer der Fälle, die uns in Versuchung bringen, das von der Schul-Ästhetik behauptete Verhältnis von Roman und Epos umzukehren und den Roman nicht als eine Verfallsform des Epos aufzufassen, sondern in dem Epos eine primitive Vorform des Romans zu sehen.

Diese historische Betrachtungsart ist durchaus möglich; denn mit dem Phänomen der Auflösung und des Verfalls, der sogenannten Degeneration ist es alles in allem ein eigenes Ding – es ist, allgemein gesprochen, ein kompliziertes Problem, ein Problem geistiger Biologie, welche sich mit der natürlichen nicht einfach deckt. In ihrem Bereich können Auflösung und Verfall zu leeren Worten werden oder zu Worten, die das Gegenteil von dem bezeichnen, was sie im Sinn bloßer Natur-Biologie bezeichnen sollten: Indem sie eine spätere Stufe bezeichnen, bezeichnen sie auch eine höhere, entwickeltere; ‚Verfall‘, das kann Verfeinerung, Vertiefung, Veredelung bedeuten; es braucht nichts mit Tod und Ende zu tun zu haben, sondern kann Steigerung, Erhöhung, Vervollkommnung des Lebens sein.

Es ist möglich und vielleicht geboten, Roman und Epos in einem solchen Verhältnis zu sehen. Das eine ist moderne, das andere archaische Welt. Das Vers-Epos trägt für uns archaisches Gepräge – wie der Vers selbst das Archaische in sich trägt und eigentlich noch Zubehör eines magischen Weltgefühls ist. Die Epen der Urzeit sind ja nicht gelesen oder erzählt worden; sie waren gewiß ein von Saitenspiel begleiteter Sing-Sang; der Name des ‚Sängers‘, der dem Dichter in archaisierender Sprache geblieben ist, war lange Zeit, bis ins Mittelalter, bis zum Minne-Wettgesang, wörtlich zutreffend, und vor allem das Epos war kündender Gesang, der Vater Homeros ein blinder Sänger – was nicht hindert, daß schon die ‚Gesänge‘ der ‚Ilias‘ und ‚Odyssee‘, wie sie uns vorliegen, und ebenso die ‚Edda‘, das ‚Nibelungen-›Lied‹‘ späte literarische Redaktionen der ursprünglichen Rhapsodien sind.

Es wäre eine kühne Behauptung, daß der Schritt zum Prosa-Roman ohne weiteres eine Erhöhung, Verfeinerung des Lebens der Erzählung bedeutet hätte. Zunächst war der Roman wirklich eine krause und willkürlich-abenteuerliche Ausartung gebundener Epik. Aber er trug Möglichkeiten in sich, deren Verwirklichung auf seinem langen Entwicklungsgange von den spätgriechischen und indischen Fabel-Monstren bis zur ‚Education sentimentale' und den ‚Wahlverwandtschaften' uns berechtigt, im Epos nur eine archaische Vorform des Romans zu sehen.

Das Prinzip aber, das den Roman diesen menschlich bedeutenden Weg hat gehen lassen, ist das der *Verinnerlichung*. [...]

Das Prinzip der Verinnerlichung muß im Spiele sein bei jenem Geheimnis, daß wir atemlos auf das an und für sich Unbedeutende lauschen und darüber den Geschmack am grob aufregenden, robusten Abenteuer ganz und gar vergessen.

Als der Prosa-Roman sich vom Epos ablöste, trat die Erzählung einen Weg zur Verinnerlichung und Verfeinerung an, der lang war und an dessen Beginn diese Tendenz noch gar nicht zu ahnen war. Um ein mir national nahe liegendes Beispiel zu wählen: Was ist der deutsche Bildungs-, Erziehungs- und Entwicklungsroman, was ist Goethe's ‚Wilhelm Meister' anderes als die Verinnerlichung und Sublimierung des Abenteurer-Romans? Wie sehr es sich bei dieser Verinnerlichung um eine Magisierung des Kleinen und Schlichten, um eine *Verbürgerlichung* der Poesie handelt, das geht mit besonderer und lehrreichster Deutlichkeit aus einer Kritik hervor, die der Romantiker Novalis, ein Seraphiker der Poesie, dem ‚Wilhelm Meister' widmete und die so boshaft wie zutreffend ist. [...]

Aber es ist die Bürgerlichkeit des Romans überhaupt, deren man durch die ‚Wilhelm Meister'-Kritik des Novalis gewahr wird, sein eingeborener Demokratismus, der ihn form- und geistesgeschichtlich von dem Feudalismus des Epos unterscheidet und ihn zur dominierenden Kunstform unserer Epoche, zum Gefäß der modernen Seele gemacht hat. Die erstaunliche Blüte des Romans in Europa während des neunzehnten Jahrhunderts, in England, in Frankreich, in Rußland, in Skandinavien – diese Blüte ist kein Zufall; sie hängt zusammen mit dem zeitgerechten Demokratismus des Romans, mit seiner natürlichen Eignung, modernem Leben zum Ausdruck zu dienen, mit seiner sozialen und psychologischen Passion, welche ihn zur repräsentativen Kunstform der Epoche und den Romandichter selbst mittleren Formats zum modernen literarischen Künstlertyp par excellence gemacht hat. Diese Auffassung des *Romanciers* als der eigentlichst modernen Erscheinungsform des Künstlers überhaupt findet man an vielen Stellen von Nietzsche's Kultur-Kritik: der moderne Romancier mit seiner sozialen und psychologischen Neugier und Nervosität, seiner konstitutionellen Mischung aus Gefühl und Empfindlichkeit, gestaltenden und kritizistischen Anlagen, dies differenzierte Empfangs- und Mitteilungsinstrument feinster Sensationen und letzter Ergebnisse spielt eine ausgezeichnete Rolle in dem seelischen Zeitbild Nietzsche's, der ja selbst eine hoch-hybride Mischung des Künstlers und des Erkennenden, selbst eine Art von ‚Romancier' war und Kunst und Wissenschaft näher zusammengebracht, mehr ineinander hat übergehen lassen als irgendein Geist vor ihm.

Und hier, ausdrücklich in Hinsicht auf den Roman und auf seine beherrschende Stellung als Kunstform in unserer Zeit, ist der Bedeutung zu gedenken, welche dem kritischen Element überhaupt für das moderne Dichten, für das literarische Kunstwerk der Gegenwart zukommt. Und wieder einmal gedenke ich dessen, was der russische Philosoph Dmitri Mereschkowski gelegentlich Puschkins und Gogols von der Ablösung der reinen ‚Poesie' durch die ‚Kritik' sagte, dem „Übergang vom unbewußten Schaffen zum *schöpferischen Bewußtsein*". Es handelt sich da um denselben Gegensatz, den Schiller in seinem berühmten Essay auf die Formel des ‚Naiven' und des ‚Sentimentalischen' bringt. Was Mereschkowski bei Gogol „die Kritik" oder „das schöpferische Bewußtsein" nennt, und was ihm im Vergleich mit dem „unbewußten Schaffen" Puschkins als das Modernere, Zukünftige erscheint, ist genau das, was Schiller unter dem ‚Sentimentalischen' im Gegensatz zum ‚Naiven' versteht, indem er ebenfalls das Sentimentalische, das Schöpfertum des Bewußtseins und der Kritik für die neuere, modernere Entwicklungsstufe erklärt.

Diese Distinktion gehört durchaus zu unserem Thema, zur Charakteristik des Romans. Der Roman repräsentiert als modernes Kunstwerk die Stufe der ‚Kritik' nach derjenigen der ‚Poesie'. Sein Verhältnis zum Epos ist das Verhältnis des „schöpferischen Bewußtseins" zum „unbewußten Schaffen". Und es ist hinzuzufügen, daß der Roman als demokratisches Produkt schöpferischen Bewußtseins ihm an *Monumentalität* keineswegs nachzustehen braucht. [...]

5 CARL EINSTEIN: Anmerkungen über den Roman (1912)

Ich schlage vor, bis auf weiteres die Bezeichnung Roman aufzugeben – das Wort Epos genügt und ist bei zeitlich ausreichender Distanz von humanistischer Bildung und dem Idylliker Vergil weniger diskreditiert.

Der psychologische Roman beruht auf kausaler Schlußweise und gibt keine Form, da nicht abzusehen ist, wohin das Schließen zurückführt und wo es endigt. Dies ist zumeist an die Anekdote gebunden – also induktive Wissenschaft.

Hingegen die Anekdote ist die Unkunst des Vermischten stets tendenziös und moralisch, denn die Pointe ist immer willkürlich: Welches Motiv und welches Ende einer Anekdote ließen sich nicht schmerzlos 'rumdrehen. Denn die Anekdote ist das nicht Seiende. Die Stärke der Darstellung bildet sie zum Faktum.

Lyrismus ist Koketterie. Zweifellos wirft man einen Pianisten, der eine Fuge von Bach spielt und darunter eigene Themen mischt, vor die Tür des Saales. Dies geschieht mit einigem Recht.

Der deskriptive schildernde Roman setzt vollständige Unkenntnis des Lesers von Tischen, Nachttöpfen, jungen Mädchen, Treppenstiegen, Schlafröcken, Busen, Hausklingeln und so weiter voraus. Die Ereignisse werden zu Begleiterscheinungen von traumhaft verschlungenen Fingern, opalschillernden Spucknäpfen und so weiter. Ob dies neuartig gesagt wird oder im Ton der Marlitt, beruht nur auf dem Alter des Schreibers und ähnlichem Unfug.

Diesen Dingen Seele zu geben – ist immer pantheistischer Lyrism. Ein Nachttopf, ein Lockenkopf, selbst Orchideen, die mit violettem Protoplasma genotzüchtigt sind – bleiben Dinge und haben sich vor dem Schicksal der Menschen zu verkriechen.

Gefühl hat immer statt – wenn es gilt, Impotenz zu verbergen. Das Epos wurde in die Länge gezogen – aus dem sklavischen Nachahmen des Homer und so weiter. Der Knabe

Vergil liefert hierfür eklatante Beispiele. Die Ilias ist eine Ansammlung von Geschichten um ein zentrales Schicksal gerichtet und von dem und jenem gemacht. Vergil hingegen eine in die Länge gezogene Anekdote. Das zentrale Schicksal wurde vergessen – denn der Mythos ging verloren, was blieb – die Technik des Indielängeziehens.

Ein Ereignis mit Vorbedingungen und Folgen geben. Wo beginnen jene und endigen diese? Mit dem Tod der Beteiligten? Ich sehe nicht ein, warum nicht jeder, dem sieben Gattinnen, vier hoffnungsvolle Söhne, drei Töchter, zwei Väter, ein Kind im Mutterleib verlorengingen, wenn er sich aufhängte, abgeknüpft werden kann? Der Abgeknüpfte ist wahrscheinlich bemerkenswerter und erfahrener als das Familienkaninchen. Jede Handlung kann auch anders endigen – wenn man nicht orthodox katholisch ist, und selbst hier gibt es die unerforschliche Güte Gottes, das Wunder und so weiter.

Also das Kunstwerk ist Sache der Willkür respektive benommener Trunkenheit. Ich ziehe die erstere vor, da sie imstande ist, Rücksicht und Takt zu üben.

Das Kunstwerk ist Sache der Willkür, also der Wahl, des Wartens. Was soll gewählt werden? Sicher, man kann alles nehmen. Jedoch – es ist langweilig, von Dingen zu hören, die zu oft gesagt wurden. Was einmal mit Gottes Hilfe anständig traitiert ist, lasse man ruhen. Wir wiederholen ja doch.

Seien Sie versichert, mir sind Tristan und Isolde ganz egal – aber Gullivers Reisen bete ich an. Nichts wird einen Trottel hindern, Tristan zu machen – jedoch Gullivers Reisen bedingt Intelligenz, Erziehung, Gewalt.

Man stelle das Epos in Zukunft nicht mehr allein in den Dienst des geschlechtlichen Verkehrs. Das Besingen mehr oder weniger komplizierter Genitalien dürfte überflüssig sein – da der Zeugungsakt respektive Beischlaf mit seinen mitunter nicht ganz reizlosen Präludien und seinen meist sichern Folgen wie Kinder, Abtreibung, Ekel, Verdummung, gegenseitige Gewöhnung, regelmäßiges Vollziehen oder Lüderlichkeit und so weiter von jedem einigermaßen realisiert werden kann. Liebesgeschichten haben nur Sinn für von Jugend an kastrierte, schwer frauenleidende Personen.

Man gewöhnte sich, Dinge, die mit einer gewissen Anstrengung zu erreichen sind, als künstlich zu bezeichnen. In dieser Kategorie stehen Enthaltsamkeit, Gott, Denken und so weiter. Wer aus der Empfindung schafft, ist meist auf die Liebe, das Weib und so weiter angewiesen. Ich hingegen schlage eine Literatur für differenzierte Junggesellen vor – Denken ist eine Leidenschaft ersten Ranges, die von den Philosophen, der Schule, dem Militär, dem Staat, vor allem der Ehe, vergewaltigt, nur mühsam im Religiösen fortbesteht. Wer hätte nicht ein philosophisches System? – Wer aber weiß um die Menschen, die nicht anwandten, die Gedanken erfanden, an ihnen beteten, Tee tranken, rauchten, ja starben.

Entscheidend für Einrichtungen und Übereinkünfte sind zweifellos Systeme. Die Ehe ist das System des allgemeinen Beischlafs, der gehemmten Erlebnisse, der moralischen Meinungen – dies alles sind Dressuranstalten für Menschen, die allein sich nicht benehmen können, ihre kleine Anbetung genießen müssen, die infolge dionysischen Lebens à la commis voyageurs am Abgrund standen. Der größte Teil der Literatur ist eine Institution für Eheleute und solche, die es werden wollen, für beherrschte Naturen Anleitung zum Flirt und Teesalon.

Wer edel und schön schreibt, treibt sein Handwerk für Gemeine.

Die erhabene Schreibweise ist oft gerade naturalistisch – da sie immer, wenn auch gegensätzlich, auf das gemeine Wesen hinzeigt. Sie wirkt oft grotesk, da sie als bezwungene Steigerung der Wirklichkeit empfunden wird – die verschönt und so weiter werden soll.

Es gilt, im Roman Bewegung darzustellen – eine Aufgabe, der das Deskriptive gänzlich fernliegt. Ich wüßte kaum – warum es als Kontrakt eingeführt werden sollte. Jedenfalls die Ruhe, das Deskriptive in die Gegenstände zu verlegen, ist sinnlos. Wertvoll im Roman ist – was Bewegung hervorbringt. Ruhe ist genug da – weil das Ganze schließlich doch fixiert ist.

Ich weiß nicht, ob man Typisches gibt. Häufig werden jedoch intensiv vorgetragene und fixierte Ereignisse später als typisch empfunden.

Das Absurde zur Tatsache machen! Kunst ist eine Technik, tatsächliche Bestände und Affekte zu erzeugen.

6 Georg Lukács: Die Theorie des Romans. Ein geschichtsphilosophischer Versuch über die Formen der großen Epik (1916)

I, 5 Geschichtsphilosophische Bedingtheit und Bedeutung des Romans

Die Komposition des Romans ist ein paradoxes Verschmelzen heterogener und diskreter Bestandteile zu einer immer wieder gekündigten Organik. Die zusammenhaltenden Beziehungen der abstrakten Bestandteile sind in abstrakter Reinheit formell: darum muß das letzte vereinigende Prinzip die inhaltlich deutlich gewordene Ethik der schöpferischen Subjektivität sein. Weil aber diese sich selbst wieder aufheben muß, damit die normative Objektivität des epischen Schöpfers realisiert werde; und weil sie die Objekte ihrer Gestaltung doch nie ganz zu durchdringen und deshalb nie ihre Subjektivität gänzlich abzulegen und als immanenter Sinn der Objektswelt zu erscheinen vermag, bedarf sie selbst einer neuerlichen, wieder inhaltlich bestimmten, ethischen Selbstkorrektur, um den Gleichgewicht schaffenden Takt zu erreichen. Dieses Ineinanderwirken von zwei ethischen Komplexen, ihre Zweiheit im Formen und ihre Einheit in der Formung, ist der Inhalt der Ironie, der normativen Gesinnung des Romans, die durch die Struktur ihrer Gegebenheit zur größten Kompliziertheit verurteilt ist. Für jede Form, in der die Idee als Wirklichkeit gestaltet wird, braucht das Schicksal der Idee in der Wirklichkeit nicht zum Gegenstand einer dialektischen Reflexion zu werden. Die Beziehung von Idee und Wirklichkeit wird in der rein sinnlichen Gestaltung erledigt, es bleibt kein leerer Raum des Abstands zwischen ihnen, der von der bewußten und hervortretenden Weisheit des Dichters ausgefüllt werden müßte; diese Weisheit kann sich also vor der Gestaltung erledigen, sich hinter den Formen verbergen und ist nicht dazu gezwungen, sich in der Dichtung selbst – als Ironie – aufzuheben. Denn die Reflexion des schaffenden Individuums, die inhaltliche Ethik des Dichters, ist eine doppelte: sie geht vor allem auf die reflektierende Gestaltung des Schicksals, das dem Ideal im Leben zukommt, auf die Tatsächlichkeit dieser Schicksalsbeziehung und auf die wertende Betrachtung ihrer Realität.

Diese Reflexion wird aber nochmals zum Gegenstand des Nachdenkens: sie selbst ist bloß ein Ideal, etwas Subjektives, bloß Postulatives, auch ihr steht ein Schicksal in einer ihr fremden Wirklichkeit bevor, das, diesmal jedoch rein reflektiert, nur im Erzähler bleibend, gestaltet werden muß.

Dieses Reflektierenmüssen ist die tiefste Melancholie jedes echten und großen Romans. Die Naivität des Dichters – ein positiver Ausdruck bloß für das innerlichst Unkünstlerische des reinen Nachdenkens – wird hier vergewaltigt, ins Entgegengesetzte umgebogen; und der verzweifelt errungene Ausgleich, das freischwebende Gleichgewicht von einander aufhebenden Reflexionen, die zweite Naivität, die Objektivität des Romandichters ist dafür nur ein formeller Ersatz: sie ermöglicht die Gestaltung und schließt die Form, aber die Art des Schließens selbst weist mit beredter Gebärde auf das Opfer hin, das gebracht werden mußte, auf das ewig verlorene Paradies, das gesucht und nicht gefunden wurde, dessen vergebliches Suchen und resigniertes Aufgeben den Kreis der Form abgerundet hat. Der Roman ist die Form der gereiften Männlichkeit: sein Dichter hat den strahlenden Jugendglauben aller Poesie, „daß Schicksal und Gemüt Namen eines Begriffes seien" (Novalis), verloren; und je schmerzlicher und tiefer die Notwendigkeit in ihm wurzelt, dieses wesentlichste Glaubensbekenntnis jeder Dichtung dem Leben als Forderung entgegenzuhalten, desto schmerzlicher und tiefer muß er begreifen lernen, daß es nur eine Forderung, keine wirkende Wirklichkeit ist. Und diese Einsicht, seine Ironie, wendet sich sowohl gegen seine Helden, die in poetisch notwendiger Jugendlichkeit an der Verwirklichung dieses Glaubens zugrunde gehen, wie gegen die eigene Weisheit, die die Vergeblichkeit dieses Kampfes und den endgültigen Sieg der Wirklichkeit einzusehen gezwungen wurde. Ja, die Ironie verdoppelt sich in beiden Richtungen. Sie erfaßt nicht nur die tiefe Hoffnungslosigkeit dieses Kampfes, sondern auch die noch tiefere Hoffnungslosigkeit seines Aufgebens; das niedrige Scheitern einer gewollten Anpassung an die idealfremde Welt, eines Aufgebens der irrealen Idealität der Seele um einer Bezwingung der Realität willen. Und indem die Ironie die Wirklichkeit als Siegerin gestaltet, enthüllt sie nicht bloß ihre Nichtigkeit vor dem Besiegten, nicht nur, daß dieser Sieg niemals ein endgültiger sein kann und immer wieder von neuen Aufständen der Idee erschüttert werden wird, sondern auch, daß die Welt ihr Übergewicht weniger der eigenen Kraft verdankt, deren rohe Richtungslosigkeit selbst dazu nicht ausreicht, als einer inneren, wenn auch notwendigen Problematik der idealbelasteten Seele. [...]

Der Roman ist die Epopöe der gottverlassenen Welt; die Psychologie des Romanhelden ist das Dämonische; die Objektivität des Romans die männlich reife Einsicht, daß der Sinn die Wirklichkeit niemals ganz zu durchdringen vermag, daß aber diese ohne ihn ins Nichts der Wesenlosigkeit zerfallen würde: alles dies besagt ein und dasselbe. Es bezeichnet die produktiven, von innen gezogenen Grenzen der Gestaltungsmöglichkeiten des Romans und weist zugleich eindeutig auf den geschichtsphilosophischen Augenblick hin, in dem große Romane möglich sind, in dem sie zum Sinnbild des Wesentlichen, was zu sagen ist, erwachsen. Die Gesinnung des Romans ist die gereifte Männlichkeit und die charakteristische Struktur seines Stoffes ist seine diskrete Art, das Auseinanderklaffen von Innerlichkeit und Abenteuer. *„I go to prove my soul"*, sagt Brownings Paracelsus und die Unangemessenheit des wundervollen Wortes liegt nur darin, daß es ein dramatischer Held sagt. Der Held des Dramas kennt kein Abenteuer, denn das Geschehnis, das für ihn zum Abenteuer werden sollte, wird an der schicksalgeweihten Kraft seiner erreichten Seele bei der bloßen Berührung mit ihr zum Schicksal, zur bloßen Gelegenheit der Bewährung, zur Veranlassung des Offenbarwerdens dessen, was im Akt der Erreichung der Seele vorgebildet lag. Der Held des Dramas kennt keine Innerlichkeit, denn die Innerlichkeit entsteht aus der feindlichen Zweiheit von Seele und Welt, aus dem peinvollen Abstand zwischen Psyche und Seele; und der tragische Held hat seine Seele erreicht und kennt deshalb keine ihm fremde Wirklichkeit: alles Äußere wird ihm zur Gelegenheit des vorbestimmten und angemessenen Schicksals. Der Held des Dramas zieht darum nicht aus, um sich zu prüfen: er ist Held, weil seine innere Sicherheit jenseits von jedem Geprüftwerden *a priori* gewährleistet ist; das schicksalgestaltende Geschehnis ist für ihn nur eine symbolische Objektivation, eine tiefe und würdevolle Zeremonie. (Es ist die wesentlichste innere Stillosigkeit des modernen Dramas, Ibsens vor allem, daß seine Gipfelgestalten geprüft werden müssen, daß sie den Abstand zu ihrer Seele in sich fühlen und ihn in dem verzweifelten Bestehenwollen der Probe, vor die die Ereignisse sie stellen, überwinden wollen; die Helden der modernen Dramen erleben die Voraussetzungen des Dramas: das Drama selbst durchläuft den Stilisierungsprozeß, den der Dichter – als phänomenologische Voraussetzung seines Schaffens – vor dem Drama hätte leisten müssen.)

Der Roman ist die Form des Abenteuers des Eigenwertes der Innerlichkeit; sein Inhalt ist die Geschichte der Seele, die da auszieht, um sich kennenzulernen, die die Abenteuer aufsucht, um an ihnen geprüft zu werden, um an ihnen sich bewährend ihre eigene Wesenheit zu finden. Die innere Gesichertheit der epischen Welt schließt die Abenteuer in diesem eigentlichen Sinne aus: die Helden der Epopöe durchlaufen eine bunte Reihe von Abenteuern, daß sie sie aber innerlich wie äußerlich bestehen werden, steht nie in Frage; die weltbeherrschenden Götter müssen immer über die Dämonen (die Gottheiten der Hindernisse nennt sie die indische Mythologie) triumphieren. Daher die von Goethe und Schiller geforderte Passivität des epischen Helden: der Abenteuerreigen, der sein Leben ziert und erfüllt, ist die Gestaltung der objektiven und extensiven Totalität der Welt, er selbst ist nur der leuchtende Mittelpunkt, um den sich diese Entfaltung dreht, der innerlich unbeweglichste Punkt der rhythmischen Bewegung der Welt. Die Passivität der Romanhelden ist aber keine formale Notwendigkeit, sondern bezeichnet das Verhältnis des Helden zu seiner Seele und sein Verhältnis zu seiner Umwelt. Er muß nicht passiv sein, darum hat jede Passivität bei ihm eine eigene psychologische und soziologische Qualität und bestimmt einen bestimmten Typus in den Aufbaumöglichkeiten des Romans.

Die Psychologie des Romanhelden ist das Wirksamkeitsgebiet des Dämonischen. Das biologische und soziologische Leben hat eine tiefe Neigung, in seiner eigenen Immanenz zu verharren: die Menschen wollen bloß leben und die Gebilde wollen unangetastet bleiben; und die Ferne und die Abwesenheit des wirkenden Gottes würde der Trägheit und der Selbstgenügsamkeit dieses still verfaulenden Lebens die Alleinherrschaft verleihen, wenn die Menschen nicht manchmal, von der Macht des Dämons ergriffen, in grundloser und nicht begründbarer Weise über sich hinausgingen und alle psychologischen oder soziologischen Grundlagen ihres Daseins kündigten. Dann enthüllt sich plötzlich das Gottverlassene der Welt als Substanzlosigkeit, als irrationale Mischung von Dichtigkeit und Durchdringbarkeit: was früher als das Festeste erschien, zerfällt wie vertrockneter Lehm bei der ersten Berührung des vom Dämon Besessenen und eine leere Durchsichtigkeit, hinter der lockende Landschaften sichtbar waren, wird auf einmal zur Glaswand, an der man sich vergeblich und verständnislos – wie die Biene am Fenster – abquält, ohne durchbrechen zu können, ohne selbst zur Erkenntnis gelangen zu können, daß es hier keinen Weg gibt.

Die Ironie des Dichters ist die negative Mystik der gottlosen Zeiten: eine *docta ignorantia* dem Sinn gegenüber; ein Aufzeigen des gütigen und des böswilligen Wirkens der Dämonen; der Verzicht, mehr als die Tatsache dieses Wirkens begreifen zu können, und die tiefe, nur gestaltend ausdrückbare Gewißheit: in diesem Nicht-wissen-Wollen und Nicht-wissen-Können das Letzte, die wahre Substanz, den gegenwärtigen, nichtseienden Gott in Wahrheit getroffen, erblickt und ergriffen zu haben. Deshalb ist die Ironie die Objektivität des Romans. [...]

Für den Roman ist die Ironie diese Freiheit des Dichters Gott gegenüber, die transzendentale Bedingung der Objektivität der Gestaltung. Die Ironie, die das von Gott Erfüllte der von Gott verlassenen Welt in intuitiver Doppelsichtigkeit zu erblicken vermag; die die verlorene utopische Heimat der zum Ideal gewordenen Idee sieht und dieses doch gleichzeitig in seiner subjektiv-psychologischen Bedingtheit, in seiner einzig möglichen Existenzform erfaßt; die Ironie, die – selbst dämonisch – den Dämon im Subjekt als metasubjektive Wesenheit begreift und dadurch, ahnend und unausgesprochen, von vergangenen und kommenden Göttern spricht, wenn sie von Abenteuern verirrter Seelen in einer wesenlosen und leeren Wirklichkeit redet; die Ironie, die in dem Leidensgang der Innerlichkeit die eine ihr angemessene Welt suchen muß und nicht finden kann, zugleich die Schadenfreude des Schöpfergottes über das Scheitern aller schwachen Aufstände gegen sein mächtiges und nichtiges Machwerk und das über allen Ausdruck hohe Leiden des Erlöser-Gottes über sein Noch-nicht-kommen-können in diese Welt gestaltet. Die Ironie als Selbstaufhebung der zu Ende gegangenen

Subjektivität ist die höchste Freiheit, die in einer Welt ohne Gott möglich ist. Darum ist sie nicht bloß die einzig mögliche apriorische Bedingung einer wahrhaften, Totalität schaffenden Objektivität, sondern erhebt auch diese Totalität, den Roman, zur repräsentativen Form des Zeitalters, indem die Aufbaukategorien des Romans auf den Stand der Welt konstitutiv auftreffen.

[...]

7 ALFRED DÖBLIN: Bemerkungen zum Roman (1917)

An der Epik, der niederen und besseren, arbeiten seit einiger Zeit Schädlinge. Ich will mit der Tür ins Haus fallen.

Man hält seine Stuben nicht sauber; die Spannung ruiniert den Roman, die Verfasser geben nach und sitzen bereits auf einem dürren Ast. Die Verfasser vergessen zusehends mehr, daß sie Epik produzieren sollen, sie drängen immer mehr auf das Drama, auf Konfliktschürzung und -lösung in der oder jener Richtung, Schauspiel, Tragödie, Komödie. Es hat sich in den Roman etwas eingezwängt, was sicher nicht von Deutschen hergeholt ist, sicher von den Franzosen: die Sucht nach Zusammendrängung, klipp und klarer Problemstellung, eine abstrakte Strenge, Balkenversteifung, entschlossene Abdachung und Beendung. Es scheint auf eine Romanform, – die es gar nicht gibt und so nicht geben darf, – abgesehen mit Grundriß, Gerüst, Architektur.

Schein, falsche Vorspiegelung. Man gibt da Handlungen, Menschen und Vorgänge vom Ei ab, am liebsten möglichst wenig Menschen, abgedunkelt als Hintergrund, Staffage, Füllsel andere Menschen, dann ein bißchen Milieu, Szenerie, soweit nötig; es ist nur Anhängsel; auf dies, auf glatte, enge, fortschreitende Handlung hin wird alles vereinfacht. Sogleich soll dies Spiel entlarvt werden: es wird betrogen, man hat verkappte Dramatiker vor sich, man hat erzählte Dramen auf dem Papier. Keine neue Kunstform, überhaupt keine Kunstform, – was für ein stolzes Wort, – sondern eine Unfähigkeit und ein plagiatorisches Wesen. Der Roman hat mit Handlung nichts zu tun; man weiß, daß im Beginn nicht einmal das Drama damit etwas zu tun hatte, und es ist fraglich, ob das Drama gut tat, sich so festzulegen. Vereinfachen, zurechtschlagen und -schneiden auf Handlung ist nicht Sache des Epikers. Im Roman heißt es schichten, häufen, wälzen, schieben; im Drama, dem jetzigen, auf die Handlung hin verarmten, handlungsverbohrten: „voran!" Vorwärts ist niemals die Parole des Romans.

Die Vereinfachung des Romans auf jene fortschreitende eine Handlung hin hängt mit der zunehmenden, raffiniert gezüchteten Leseunfähigkeit des Publikums zusammen. Zeit ist genug da, aber sie werden völlig ruiniert durch die Zeitungen. Ungeduld ist das Maß aller ihrer Dinge, Spannung das A und Z des Buches. Anderthalb Stunden Folter, man spuckt aus, das Buch hat seine Pflicht getan. Was nicht spannt, ist langweilig; das ist die unverhüllte, naive Schamlosigkeit: Defekte als Vorzüge demonstrieren, Forderungen daran knüpfen. In die gleiche Kerbe wie die Zeitung schlägt der Film. Es ist das völlige Debakel des Romans. Mögen sich die besseren Autoren nicht bluffen lassen. Das Publikum ist frech, der gewöhnliche Verleger gehört zum Publikum.

Im Drama war ehemals die große pathetische Szene Zentrum und Hauptgegenstand; sonst ein Drum und Dran, auch etwas wie Handlung in Vorrede, Nachrede, Zwischenrede. Dann mußte man den und jenen Helden, besonders auch die und jene Heldin näher beschnüffeln, sie sich „menschlich näher bringen". Das Hauptgewicht war bald auf etwas Intellektuelles, bequem Verständliches, nachbarlich Interessierendes gelegt, auf den Ablauf des Heldenlebens. Psychologie knallte das Pathos nieder. Mit „Entwicklung" wurde der Brei verdünnt und schmackhaft serviert. Bestialisch hat der Begriff Handlung, Entwicklung aufgefressen, was sich stolz, von Gnaden der Kunst, auf Bühne und im Roman blähte.

An der Erschütterung, der Freude, dem Lachen, dem inneren Ausgleich ist es ihnen nicht genug. Sagen wir, was geschieht: das schlechte Publikum geht ihnen aus dem Wege. Nun ist die zweite Maske herunter. Man läßt sich nicht zu nahe kommen, man haßt die plumpe Vertraulichkeit, man wird sich nicht operieren lassen, man wird sich nicht in den Eingeweiden wühlen lassen, wehrlos, von wem es auch sei, man hat seine Gasmaske, man verlangt Spannung. Das genügt. Statt Gebete Worte, statt Erschütterung geistige Beschäftigung, statt Dichtung Handlung. Das übrige wird konzediert, wird geschenkt, ist ein übriges.

Es ist schon verkehrt, anzunehmen und unter dieser Annahme zu arbeiten und zu lesen: der Mensch sei Gegenstand des Dramas oder des Romans. Sie haben beide weder mit den Menschen noch der Wichtigkeit eines einzelnen Helden oder seiner Probleme etwas zu tun. Das alles überlasse man dem Pädagogen, Pfarrer, Psychologen, Psychiater; gedichtete Psychologie ist ein Unfug. Es handelt sich um buntes oder einfarbiges, freudiges, trauriges, tiefes, flaches Lebensereignis; mache man wie mans will. Aber der Mensch und seine Dinge sind sehr bequem erreichbar, man bleibt im Hause dabei, Problem, Konflikt liegt am Boden herum, mit ein bißchen Konstruktion ist nachgeholfen: fix hat man sich um die Dichtung herumgeschlichen.

Vorbilder sind vielmehr Homer und Cervantes, ferner Dante. Dostojewski darf nicht ungenannt bleiben. Sie zeigen, daß Moment um Moment sich aus sich rechtfertigt, wie jeder Augenblick unseres Lebens eine vollkommene Realität ist, rund, erfüllt. „Hier stehe ich, hier sterbe ich", spricht jede Seite. Wenn ein Roman nicht wie ein Regenwurm in zehn Stücke geschnitten werden kann und jeder Teil bewegt sich selbst, dann taugt er nichts. [...]

Zehn Novellen machen keinen Roman. Nichts im Roman darf sich zur Novelle auswachsen: es gibt trotz alledem Zusammenhänge. Man muß balancieren zwischen der Ariensammlung der alten Oper und der unendlichen Melodie Wagners.

Der Roman kann sich schwer als Kunstäußerung behaupten; das macht der scheinbar fließende Übergang vom ausführlichen, romanhaften Zeitungsbericht zum Roman. Das ist richtig. Das Leben dichtet unübertrefflich, Kunst hinzuzufügen ist da meist überflüssig. Diese Nähe zur alltäglichen Mitteilung diskreditiert den Roman, macht ihn für manche zur niedrigsten Kunstgattung. Das soll den Epiker nicht genieren. Er verachte überhaupt die Kunst. Er mache aus der scheinbaren Ungunst seiner Position einen Vorteil: er steht dem lebendigen Leben am nächsten kraft seines Materials, des Wortes. Zehn Schritte halte er sich Kunst vom Leibe. Die einfache erzählende, darstellende Rede ist eine Gottesgabe, die er sich nicht rauben lassen darf. Der Stil soll über der Darstellung nicht einmal wie nasser Flor liegen. Stil ist nichts als der Hammer, mit dem das Dargestellte aufs sachlichste herausgearbeitet wird. Es ist schon ein Fehler, wenn Stil bemerkt wird.

Ungeheuer das Stoffgebiet des Epikers. Man merkt davon wenig in der Epik. Der Durchschnittserzähler bleibt auf der Ebene des Schriftstellers, hat in der Regel nichts vom Leben durchgefühlt, dann fehlt Gestaltungskraft. Er übernimmt ohne weiteres das mannweibliche Verhältnis als das ihm zugefallene Stoffgebiet. Der Roman hat natürlich mit Liebe so wenig zu tun wie die Malerei mit dem Weib oder dem Mann. Durch das Festlegen hier ist der Tagesroman gänzlich sterilisiert. Es gibt auch Knochen, Muskeln, Lungen, Nieren, nicht nur Geschlechtsorgane. Der Tagesroman wird sich nicht eher erholen, als der Grundsatz zum Durchbruch kommt: mulier taceat, zu deutsch: die Liebe hat ein Ende. Der geschmähte Räuberroman, Karl May, die Schundliteratur ist besser. Sie quillt stärker, breiter, auch aus stärkeren, reicheren und reineren Instinkten.
[...]

8 ALFRED DÖBLIN: Der Bau des epischen Werkes (1929)

[...]

Das epische Werk lehnt die Wirklichkeit ab

Nachdem ich so einen Berechtigungsnachweis für die Form des Berichts im Epischen erbracht habe, verlasse ich diesen Punkt, und indem ich ihn verlassen will und mich noch einmal danach umsehe, bin ich überrascht, bleibe stehen und komme zu einem weiteren, dem ersten widersprechenden Resultat. Also ich lese ein paar Sätze des Don Quichote und sehe, was da gesagt wird, ist – bewußtermaßen – unwahr, und zwar für beide Seiten, für den Autor wie für den Leser! *Und trotzdem, nein grade darum, so ist es, wird die Berichtform gewählt!* Das Grade-darum sehe ich plötzlich. Der Autor wählt grade die Berichtform, die ja nur erlaubt ist im Bereich der sogenannten Fakta, er benutzt sie für seine notorischen Nichtfakta, denn das ist nun etwas höchst Erregendes und Lustvolles, eine enorme Lustquote. Hier liegt eine charakteristische Umstellung der Kunst in einer materialistischwissenschaftlichen Zeit vor. Es ist der Tatbestand da, der herrliche, ungebundene, des freien Fabulierens. Was ist das Fabulieren, das freche fessellose Berichten von Nichtfakta, von notorischen Nichtfakta? Es ist das Spiel mit der Realität, mit Nietzsches Worten ein Überlegenheitsgelächter über die Fakta, ja über die Realität als solche. Darum das Wissen: es ist nicht wahr, und dieses: trotzdem brauche ich die Berichtform. Hier konkurriert einer mit dieser steinernen, festen und soliden Realität und zaubert darauf los und bläst Seifenblasen aus demselben Stoff, aus dem der Weltschöpfer die ganze schwere Erde, den Himmel und alle Tiere und ihre Schicksale gemacht hat. Wir sind auf dem sehr stolzen und sehr menschenwürdigen Gebiet der freien Phantasie.

Die Berichtform zeigt den souveränen Willen des Menschen an, zum mindesten des Autors, dem Wissen und der Wissenschaft zum Trotz mit der Realität zu spielen. Da wird nun alles möglich, was sich denken läßt, die Schwerkraft wird abgeschafft, alle physikalischen Gesetze werden abgeschafft – aber im selben Augenblick wird gewußt: es gibt die Schwerkraft und alle Gesetze, aber wir, wir können alles, wir erzählen in der Berichtform von einer ganz anderen Welt. Die Dichtung ist mehr als ein Traum. Der Traum spielt auch mit der Realität, aber ist für unser Gefühl noch fatal und lästig mit der Realität verbunden. In der Dichtung ist die Leichtigkeit und Verspottung der Realität vollkommen. Dies ist der ungeheure Lustgewinn, den die Berichtform des Fabulierens gewährt, dem Autor wie dem Hörer.

Stellen Sie nun neben diese Leichtigkeit die Plumpheit und Schwere der Mehrzahl aller heutigen und früheren Romane. Da wissen die Autoren in ihrer Ahnungslosigkeit nicht, was für ein Instrument ihnen in die Hand gegeben ist. Da sind sie erlegen dem Rationalismus und der naturwissenschaftlichen Epoche. Die hat dem Dichterischen den Genickfang gegeben. Da glauben die Autoren, die Realität beschnüffeln zu müssen, statt mit ihr zu spielen oder sie von sich abzutun. Da glauben sie das Beste getan zu haben, was sie können, wenn sie möglichst echt und wie die Natur sind. Als wenn das einer könnte. Die Natur läßt sich weder in den Bauch kriechen noch hat sie Schleppenträger nötig. Da rühmen sich Autoren, daß sie sehr wahr und fast dokumentarisch die Geschichte einer Epoche oder einer Familie oder eines

Menschen gegeben haben, möglichst echt, möglichst wirklichkeitsnah. Vielleicht noch mit den Methoden eines Theoretikers, eines Historikers. Wenn man dies vergleicht, dies Bemühen und dies Resultat, mit der überrealen Sphäre, auf die ich zuerst hingewiesen habe als die eine Säule der Berichtform, und der phantastischen Sphäre, der Fabuliersphäre, als der zweiten Säule der Berichtform, wie dürftig, armselig, ja burlesk sind diese Naturalisten, die die Berichtform glauben beim Wort nehmen zu müssen. Sie sehen aber jetzt klar das Verhältnis der beiden Kunstsphären, die im Epischen mit der Berichtform zusammenhängen, wie ich eben zeigte: die phantastische und Fabuliersphäre, das ist nur die Negation der realen Sphäre und garantiert ein Spiel mit der Realität – die überreale Sphäre, das ist die Sphäre einer neuen Wahrheit und einer ganz besonderen Realität.

Jetzt also darf man wieder in der Form des Berichts sprechen. So wird diese Form wieder wahr in der Sphäre des epischen Kunstwerks, und hier ist nicht mehr die Rede von Schwindel, Phantasterei, die Dichtung ist nicht mehr eine unehrliche, verworrene und unglaubwürdige Angelegenheit, die Dichtung ist nicht mehr degradiert zu einer subjektivistischen Spielerei, und wenn die wirkliche epische Dichtung das Imperfektum gebraucht und stolz berichtet, so zeigt sie damit, daß sie weiß, wer sie ist und daß sie ihren Ort und ihren Rang im Geistesleben kennt.

Die Epik erzählt nicht Vergangenes, sondern stellt dar

Damit habe ich die Frage beantwortet: ist der Bericht die Grundform des Epischen, habe sie bejaht und begründet, wann und warum der Bericht die Grundform des Epischen sein darf. Eine Bemerkung schließe ich an nebensächlicher Art. Ich sprach vom Imperfektum und vom Bericht, und das sieht aus, als wäre die Form der Vergangenheit die Form, in der der Epiker sein Wortkunstwerk zu bauen hätte. Davon kann keine Rede sein. Es ist vollkommen gleichgültig und eine rein technische Frage, ob der Epiker im Präsens, Imperfektum oder Perfektum schreibt, er wird diese Modi wechseln, wo es ihm gut dünkt. Das Entscheidende ist, und das zu beachten ist nun keine Nebensächlichkeit: es ist unrichtig, was man öfter liest: der Dramatiker gibt eine gegenwärtig ablaufende Handlung, der Epiker erzählt von der abgelaufenen Handlung. Das ist oberflächlich und lächerlich. Für jeden, der ein episches Werk liest, laufen die Vorgänge, die berichtet werden, jetzt ab, er erlebt sie jetzt mit, da kann Präsens, Perfektum oder Imperfektum stehen, wir stellen im Epischen die Dinge genau so gegenwärtig dar und sie werden auch so aufgenommen, wie der Dramatiker. Wir stellen beide dar. Alle Darstellung ist gegenwärtig, sie mag formal erfolgen wie sie will. Der Unterschied zwischen dem Epiker und Dramatiker besteht darin, daß der Dramatiker vor den Sinnesorganen der Augen und der Ohren ablaufen läßt, der Epiker aber als Darstellungsort die Phantasie aufsucht. Allein dieser geistige Ort, Bühne oder Phantasie, unterscheidet die beiden Dichtungsarten voneinander. Ich werde bald von der noch engeren Berührung von Epik und Dramatik mehr sagen.

Der Weg zur zukünftigen Epik

Nachdem ich nun von dem Bericht als der Grundform des Epischen gesprochen habe, muß ich eine praktische Bemerkung machen, die Sie vielleicht überraschen wird, und muß den Autoren einen Hinweis geben, der mit dem eben Gesagten in striktem Widerspruch steht oder zu stehen scheint. Im empfehle nicht, die Berichtform als alleinige Form im epischen Werk zu benutzen. Sie wissen, Homer, Dante, Cervantes, das sind die drei größten epischen Namen, haben nur die Berichtform gewählt, und sämtliche heutigen Romane in Deutschland, soweit mir bekannt ist, bewegen sich nur in dieser Form: sie stellen berichtend, erzählend dar. Ich bin nicht dafür. Es ist zweierlei: das epische Kunstwerk und dieses epische Mittel, die Berichtform. Es steht nirgends geschrieben, daß der Epiker nur zu berichten habe. Im alten Theater, im alten Drama gab es auch Stücke, die gar nichts mit der ablaufenden Handlung zu tun hatten, etwa Chöre. Verschämterweise läßt auch Shakespeare gelegentlich eine Person vor den Vorhang treten und läßt erzählen. So ist es richtig. Es ist auch ein Dogma, aber ein abbruchreifes, daß das Drama nur in der Dialoghandlung abläuft; ich stelle mit Vergnügen fest, daß der Film, die Bilderzählung, schon jetzt versuchsweise in das Theater gedrungen ist und an der schon völlig ausgenützten

Form des Dialogdramas, des Spiels der Personen oben auf der Bühne unter sich ohne Zusammenhang mit mir, hämmert.

Sie werden die Hände über dem Kopf zusammenschlagen, wenn ich den Autoren rate, in der epischen Arbeit entschlossen lyrisch, dramatisch, ja reflexiv zu sein. Aber ich beharre dabei. Wir haben uns im epischen Werk nicht eines bestimmten Herkommens wegen, welche Tradition sich als Dogma gebärdet, unserer Freiheit zu begeben, und wir werden aus dem Roman machen, was uns gut dünkt. Deutschland ist das Land einer pedantischen epischen Realistik. Realistik, damit meine ich: du hast Realitäten oder Pseudorealitäten zu berichten. Frankreich dichtet leichter, ist schon lange elastischer. Es gibt nur wenige stabile Kunstgesetze über dem Künstler; der Künstler macht die meisten Kunstgesetze selber. Das epische Kunstwerk ist keine feste Form, sie ist wie das Drama ständig zu entwickeln, und zwar durchweg im Widerstand gegen die Tradition und ihre Vertreter. Wie das Theater von heute erstarrt ist im Dialog der Personen oben – und die Wohltat der Betrachtung, des lyrischen oder spottenden Eingriffs, der freien wechselnden Kunstaktion, auch der direkten Rede an uns wird uns versagt, wir werden nicht hinreichend beteiligt an dem, was oben vorgeht –, genau so steht es im Epischen, wo die Berichtform ein eiserner Vorhang ist, der Leser und Autor voneinander trennt. Diesen eisernen Vorhang rate ich hochzuziehen.

Ich gestehe selbst: ich habe unbändig gehuldigt dem Bericht, dem Dogma des eisernen Vorhangs. Nichts schien mir wichtiger als die sogenannte Objektivität des Erzählers. Ich gebe zu, daß mich noch heute Mitteilungen von Fakta, Dokumente beglücken, aber Dokumente, Fakta, wissen Sie, warum? Da spricht der große Epiker, die Natur, zu mir, und ich, der kleine, stehe davor und freue mich, wie mein großer Bruder das kann. Und es ist mir so gegangen, als ich dies oder jenes historische Buch schrieb, daß ich mich kaum enthalten konnte, ganze Aktenstücke glatt abzuschreiben, ja ich sank manchmal zwischen den Akten bewundernd zusammen und sagte mir: besser kann ich es ja doch nicht machen. Und als ich ein Werk schrieb, das den Kampf von Riesenmenschen gegen die große Natur schildert, da konnte ich mich kaum zurückhalten, ganze Geographieartikel abzuschreiben; der Lauf der Rhone, wie sie aus dem Gebirge bricht, wie die einzelnen Täler heißen, wie die Nebenflüsse heißen, welche Städte daran liegen, das ist alles so herrlich und seine Mitteilung so episch, daß ich gänzlich überflüssig dabei bin.

Aber man ist nicht ein ganzes Leben lang fähig, diesen Standpunkt innezuhalten. Eines Tages entdeckt man auch etwas anderes neben der Rhone, den Tälern und den Nebenflüssen: man entdeckt sich selbst. Ich selbst – das ist das tollste und verwirrendste Erlebnis, das ein Epiker haben kann. Es sieht zuerst aus, als ob es das Erlebnis ist, das ihm das Genick brechen wird. Aber er sieht sich nur so lange in Gefahr und in Schwierigkeiten, bis er sieht, das Kunstwerk ist Sache des Künstlers, Gesetze gibt mir nicht die Vergangenheit, das Gesetz gebe ich selber und für mich heißt nun episches Kunstwerk etwas anderes. Darf der Autor im epischen Werk mitsprechen, darf er in diese Welt hineinspringen? Antwort: ja, er darf und er soll und muß. Und jetzt erinnere ich mich, was das ist, was Dante in der Göttlichen Komödie gemacht hat: er ist selber durch sein Gedicht gegangen, er hat seine Figuren beklopft, er hat sich in die Vorgänge eingemischt, und zwar nicht spielerisch, sondern mit allem Ernst, jeder zu seiner Zeit hat ihn verstanden in dem wichtigsten Punkt seines Gedichts. Er hat teilgenommen am Leben seiner Figuren. Er hat wie König David vor dem siegreichen Heer seiner Figuren getanzt.

Wenn ich sage, wir sollen im Epischen auch lyrisch, dramatisch und reflexiv sein, so rede ich damit nicht einem Gemengsel von Formen das Wort. Wir müssen wieder hin zum frischen Urkern des epischen Kunstwerks, wo das Epische noch nicht erstarrt ist zu der heutigen Spezialhaltung, die wir ganz irrig die Normhaltung des Epikers nennen. Es heißt meines Erachtens noch hinter Homer gehen.

In solchem großartigen und gefährlichen Moment aber heißt es: können und sein. Diese Urform der Dichtung wird alle erfrischen, die an sie herangehen, aber es wird viel Malheur geben. Zu den Müttern darf nur, wer von den Müttern stammt. So sehe ich eines Tages eine epische Dichtung kommen, die nach erfolgter Sprengung der Tradition und Aufgabe der Berichtform uns ehrlich etwas angehen kann. Ich möchte wieder und wieder die Autoren anrufen, nicht der Form, welcher auch immer, zu dienen, sondern sich ihrer zu bedienen.

Und hier wird auch eine besondere und heute sehr drückende

Schwierigkeit beseitigt. Ich fordere auf, die epische Form zu einer ganz freien zu machen, damit der Autor allen Darstellungsmöglichkeiten, nach denen sein Stoff verlangt, folgen kann. Wenn sein Sujet gewillt ist, lyrisch zu tanzen, so muß er es lyrisch tanzen lassen. Die Autoren erleben von allen Seiten den dringenden Ruf nach Aktualität, nach Gegenwartsdichtung. Wenn man ganz ehrlich ist, sagt man heute sogar: man will überhaupt keine Dichtung, das ist eine überholte Sache, Kunst langweilt, man will Fakta und Fakta. Dazu sage ich bravo und dreimal bravo. Man hat mir nichts vorzuphantasieren. Der Oberst Springgenau langweilt mich momentan. *Der wirkliche Dichter war zu allen Zeiten selbst ein Faktum.* Der Dichter hat zu zeigen und zu beweisen, daß er ein Faktum und ein Stück Realität ist und noch immer so gut und faktisch wie die gute Erfindung des Triergon oder wie die Caroluszelle. Die Autoren haben keine Fakta aus den Zeitungen zu stehlen und in ihre Werke einzurühren, das genügt nicht. Nachlaufen und Photographie genügt nicht. Selber Faktum sein und sich Raum schaffen dafür in seinen Werken, das macht den guten Autor, und daher ermahne ich ihn heute, im Epischen die Zwangsmaske des Berichts fallen zu lassen und sich in seinem Werk zu bewegen, wie er es für nötig hält. [...]

*Dynamik und Proportion
als Formgesetze und Mitschöpfer des Inhalts*

Ich stelle nun gleichzeitig eine entgegengesetzte Tendenz, ein anderes Gesetz mancher epischen Werke fest, nämlich zur geschlossenen Form zu kommen. Aber nur in gewisser Hinsicht stehen die beiden Merkmale gegeneinander. Jedes einzelne epische Produkt will eben, wie Don Quichote, Abschluß, Ende und daher Geschlossenheit und schließende Form. Epik ist zwar unbegrenzt, formlos; das einzelne Werk aber macht der unbegrenzten Epik ein Ende und schafft sich für diesen konkreten Einzelfall besondere Formungsregeln und Prinzipien. Da habe ich etwa vor, eine revolutionäre Gärung in einem Volk zu schildern, und es drängt sich mir als Beginn eine grelle Szene auf, ein Überfall auf einen hohen Staatsbeamten, eine Nachtszene. Dies wird nun vollkommen gefühlt als Einleitung, eine Art dumpfer Trommelwirbel, einmalige grelle Entladung, dann Stille. Die einzelnen

Punkte werden ganz herausgearbeitet auf diesen Charakter der stürmischen und unheimlichen Introduktion. Jetzt bin ich schon gebunden in dem, was weiter kommt. Es muß eine Riesenhandlung folgen, sonst stimmen die Proportionen nicht, und eine bestimmte Dynamik ist geboten. Ich muß langsam, breit, vielleicht mit einer Person anfangen, um zu einem massiven Crescendo zu gelangen. Diese Proportionen und diese Dynamik, Formungstendenzen, werden ganz lebhaft gefühlt, und wenn jetzt die Phantasie arbeitet und unermüdlich Stoff heranholt, so ist oberstes Gesetz und das Hauptquartier, aus dem die maßgeblichen Direktiven kommen, dies formale Gesetz zum breiten, langsamen Antrieb. Und so werfe ich denn, nachdem ich wie an einem Faden eine einzelne Person hingezogen habe, jetzt Person nach Person in den Prozeß hinein, bis eine gewisse Höhe erreicht ist.

So habe ich in einem chinesischen Roman mit solchem Paukenschlag begonnen und mit solchem dumpfen Trommelwirbel der unterirdischen Revolution. Darin wird begonnen aus rein formalen, ich möchte sagen musikalischen Gründen mit dem Bericht von einem einzelnen Mann, welchen Bericht ich dann weit ausspinne, und dieser Mann muß der rote Faden werden, an den sich andere Fäden anlagern, und so gruppiere ich um ihn Menschen nach Menschen, dränge ihn zu Handlungen, damit sich mehr und mehr Menschen um ihn sammeln, und so mache ich ihn zum Helden, zum Beweger dieser Bewegung, füge zur Verbreiterung noch einige Episoden hinzu und habe nunmehr rein artistisch den Beginn meines Buches hingesetzt. Nein, so hinsetzen müssen. Dieser bestimmte Wille zur Dynamik und Proportion, eine musikalische Tendenz, Tendenz einer architektonischen Musik, hat jene Figuren, ihre Ansammlung und ihre charakteristische Fortbewegung erfordert und mithervorgebracht. Das Formgesetz, muß ich sagen, hat eigentlich den Inhalt, wie er konkret dasteht, erzeugt. Episches Thema aber war: einer kämpft vergeblich gewaltlos gegen die Gewalt, ein schwacher Held, der wahrhaft Schwache.

Ich nehme eine andere Stelle. Die revolutionäre Bewegung im Lande ist auf einer gräßlichen Höhe. Die Farben dieser Szenerien sind schon unerträglich grell, es werden ruhige feierliche Töne erfordert. Da kann ich meinen Helden nicht mehr brauchen. Ich lasse ihn eine innere Umkehr machen, er verläßt seine Sekte, verschwindet im Land. Für die großen feierlichen Töne aber werden Personen und Handlung gesucht. Da taucht dann der tibetanische Papst auf, eine ganz andere, sehr strenge Szenerie wird aufgesucht, wird geschildert, Klöster, das Eisland Tibet und der pompöse Heranzug des Papstes nach China hinein zu dem großen Mandschukaiser. Vor allen Details steht fest diese Struktur des Abschnitts. Es ist sein Bodenplan.

Innerhalb dieses Abschnitts selbst, im einzelnen, in den Details ist noch das gleiche Formalschema wirksam. Es werden da ganze Strecken von bestimmten Punkten aus vorweg empfunden, aber inhaltsleer, nur in ihrer Dynamik und ungefähr in ihrer Länge. Da hinein, in diesen Schlauch strömt die Phantasie und füllt ihn aus. Ich möchte von einem Spannungsnetz, von einem dynamischen Netz sprechen, das sich allmählich über das ganze Werk ausdehnt, an bestimmten Konzeptionen befestigt wird, und in dieses Netz werden Handlungen und Personen eingebettet. Und Sie erkennen hier, daß epische Werke dieser Art weder gleichen dem grenzenlosen alten epischen Typ noch dem schlechten modernen dramatischen Romantyp. Ich spreche hier von einem sich entwickelnden Typ moderner epischer Kunstwerke, die ganz bestimmte Formgesetze in sich tragen. Ich habe leicht analysierbare Beispiele in meinen eigenen Büchern gegeben.

Fragt man, wem denn diese Werke, Werke mit diesen Formgesetzen ähneln, so hat die bisherige Zergliederung es schon gezeigt: symphonischen Werken. Es ist ja auch begreiflich, daß die beiden Zeitkünste, Musik und Dichtung, wenn sie sich auf ihren Kunstcharakter besinnen, eine Anzahl gemeinsamer Punkte haben werden. [...]

9 ALFRED DÖBLIN: Der historische Roman und wir (1936)

[...]

Die neue Funktion des Romans:
Bericht von der Gesellschaft und von der Person.
Jeder gute Roman ist ein historischer Roman

Ich wiederhole: der Autor bedient sich gewisser Stoffe aus der Geschichte, die ihm liegen, für die Zwecke eines Romans genau so, wie er sich gewisser Zeitungsnotizen oder gewisser Vorgänge aus seiner eigenen Erfahrung bedient. Er hat mit sich und seinem Hörer, Leser jenes merkwürdige Spiel vor, das wir vorhin beschrieben haben.

Aber man bemerkt rasch, daß der einfache Roman von heute sich vom Märchen doch unter anderem durch eine ganz kolossale Betonung und Hypertrophie der aufgenommenen und mitgeschleppten Stoffmasse auszeichnet. Ja, wir sehen: Stoffgebiete, Räume der Realität, die man sonst in der geschriebenen Literatur nicht findet, finden im Roman ihren Platz, und nur hier. Das sind Dinge des intimeren und ganz intimen persönlichen, dialogischen und gesellschaftlichen Lebens, Dinge des Individuums, der Geschlechter zueinander, der Liebe, der Ehe, der Freundschaft. Über alle diese und andere höchst wichtigen und mächtigen Dinge kann man sich genau und mit Eindringlichkeit in keiner Zeitung und in keinem Geschichtsbuch orientieren. Und einen nicht nebensächlichen, sondern ernsthaften Ruhm eines guten heutigen Autors stellt die lebenswahre Darstellung dieser persönlichen und gesellschaftlichen Phänomene dar. Und dies ist keine Forderung von uns, sondern die Feststellung eines Tatbestandes, den jeder Leser bekräftigt und der dem Autor bekannt ist, obwohl der Autor sich je nachdem einen gewissen Spielraum reserviert und bald mehr, bald weniger nach der Märchenseite ausweicht.

Wir stellen also fest, daß nach Wegfall der Berichtfunktion dem einfachen Roman eine *neue eigene Funktion berichtender Art* zugefallen ist: Spezialberichterstattung aus der persönlichen und gesellschaftlichen Realität. *Von hier wächst allgemein dem Roman ein ganz charakteristischer Echtheitscharakter zu.* Ich weise da hin auf die Echtheit, welche unmittelbar empfunden und festgestellt wurde, die etwa der Madame Bovary von Flaubert zukommt, oder dem Raskolnikow von Dostojewski, oder Tolstois Auferstehung, nicht zu reden von vielen Büchern Zolas, von Novellen Maupassants. Allen wurde sofort grade diese Echtheit attestiert. Und über diesen Punkt wachen Leser wie Kritik gleichermaßen unerbittlich, und man erkennt daran, daß wir hier ein wichtiges Merkmal des Romans vor uns haben.

Es steht jetzt so, daß nicht nur wichtig sind und eine Niederschrift verdienen die groben, in die Augen fallenden eigentlich historischen Tatsachen, die Spitzengeschichte, wenn ich so sagen kann, sondern auch die Tiefengeschichte, die der Einzelpersonen und gesellschaftlichen Zustände, die sie umgeben. *Im Sinne einer solchen Tiefengeschichte ist jeder einfache gute Roman ein historischer Roman, und er ist unzweifelhaft, wir können es kontrollieren, echt.*

Wir müssen diesen Gedanken weiter verfolgen. Wir haben einen entscheidenden neuen charakteristischen Tatbestand aufgedeckt. Obwohl der Roman bestimmt nur Roman ist, wird diese Form doch belastet und, wenn man will, zerstört und gesprengt durch eine andere Tendenz, durch den Zwang zur Berichterstattung aus jenen genannten Realitäten. Es ist eine Wendung eingetreten. Der Roman ist auch nach der Erfindung der Schrift und des Drucks nicht eingeengt, verarmt, verkrüppelt zum Märchen.

Wenn wir uns die alte Epik als breiten Grundstamm eines mächtigen Baumes vorstellen, so hat sich im Laufe der Epochen der Baum aufgespalten in eine Anzahl von Ästen. Nachdem die Zeitung sowohl wie die Geschichtswissenschaft ihren Ast getrieben hatten, entwickelte sich selbständig das Märchen. Aber neben Zeitungswesen, Geschichtswissenschaft und Märchen fand der Roman seinen besonderen Platz an dem Baum selbst, er zweigte sich nicht vom Märchen ab. Wir haben ein neues, eigenes und eigentümliches Gebilde vor uns, das auch Erkenntnis der Wirklichkeit betreibt.

Damit stellen wir fest, daß sich im heutigen Roman Richtungen durchkreuzen. Der Roman steht im Kampf der beiden Tendenzen: Märchengebilde mit einem Maximum an Verarbeitung und einem Minimum an Material – und Romangebilde mit einem Maximum an Material und einem Minimum an Verarbeitung.

Weil die Erkenntnis der Wirklichkeit, und speziell der persönlichen und gesellschaftlichen Wirklichkeit, eine Sonderaufgabe des Romans ist, konnte sich vom Roman noch ein ganz neuer Zweig abgliedern, eine Form, welche das alte Verarbeitungsmoment fast ganz fallen läßt: die Reportage.

In einer widerspruchsvollen Situation steht der heutige Roman. Und wer sich ein Bild davon machen will, wie der Roman von den beiden genannten Tendenzen zerrissen ist, der beachte ein einzelnes Merkmal des Romans, das ich hier nenne. Eine große Zahl der Leser sagt und verlangt: das Buch darf mich nicht übertrieben viel angehen. Das Interesse an ihm muß fakultativ sein. Verlauf und Personen müssen uns angehen, wir müssen merken, daß wir und unsere Situation sich mehr oder weniger mit dem, was wir da lesen, identifizieren lassen. Aber wir müssen auch merken: ganz wie bei uns ist es doch nicht. Eine Distanz muß gewahrt bleiben. Wir, das heißt eine große Zahl Leser, lassen uns nur unter Kautelen auf eine Sache ein, die einen etwas brenzligen Charakter hat. Man läßt sich gewissermaßen in eine Situation locken, die unter Umständen aufregend und ängstlich ist, aber man weiß dabei im Hintergrund: es kann uns nichts passieren, es wird ja nur gespielt, und wir sind es nicht. Wir haben nach mancher Ästhetik ein Gefühl von Lösung, Erleichterung und Befreiung am Schluß vieler literarischer Werke, zu denen auch Romane gehören. Ich glaube, ehrlich gesagt steckt eine gewisse Schadenfreude und Genugtuung dahinter, daß nämlich nicht wir es sind, denen so mitgespielt wurde und denen es so und so ging. Man kann auch sagen, wir fühlen uns hie und da weitgehend beteiligt und mitgerissen, aber wir lassen den Autor einige imaginäre Personen für uns opfern. [...]

10 OTTO FLAKE: Vorwort zu „Die Stadt des Hirns" (1919)

Bei einem Roman der um den Roman zu retten darauf ausgeht die Form des Romans zu sprengen, ist es erlaubt ein Vorwort voranzustellen.

Bildende Kunst läuft mit vollen Segeln von den behaglich bewohnten Küsten des Realismus Impressionismus durch die glückliche Ausfahrt des Expressionismus auf die unbefleckte Insel des ABSTRAKTEN die sich vielleicht zu einem neuen Kontinent weiten wird, Lyrik quillt aus geöffneter Tiefe des SIMULTANEN, Benn Ehrenstein Sternheim formten die Novelle des UNBÜRGERLICHEN – der Roman ist nicht über den Expressionismus hinausgelangt.

Der neue Roman wird möglich sein durch Vereinigung von Abstraktion Simultanität Unbürgerlichkeit. Es fallen fort konkrete Erzählung Ordnung des Nacheinander bürgerliche Probleme erobertes Mädchen Scheidungsgeschichte Schilderung des Milieus Landschaftsbeschreibung Sentiment.

Thema des alten Romans: gegebene Verhältnisse in die ein Moment der Erregung oder Auflehnung kommt, Kampf Sieg des Bestehenden Abgang des Aufrührers durch Selbstmord oder anerkannte Harmonie, das alles ist rührende aber unverbindliche Tragik der das letzte fehlt, Entschlossenheit Denkkraft wahre Souveränität des Individuums.

Was war der Roman soweit er nicht als verbreitete Erzählung auftrat? Eine Kunstform in der die Gestaltung des Weltbilds versucht wurde. Seine höchste Form war der Entwicklungsroman, es ging einer durch die Fülle der Erscheinungen und unternahm es ihren Sinn zu finden. Guter Gedanke aber das Machtverhältnis war falsch gesehen: mächtig real gegeben die Verhältnisse Zustände der Welt, schwach demütig gehorsam der Wandrer durch sie. Deutlicher gesagt: die Romane waren dualistisch angelegt, ein moralischer theologischer Sinn in den Erscheinungen, das Apriori, einerseits – der Sucher des Sinns andrerseits. War er aufsässig und empfand Vielheit oder Gleichzeitigkeit der Gesichtspunkte, blieb ihm nichts übrig als zum Mittel des Nacheinander zu greifen wobei ihm stets passierte daß er den letzten Gesichtspunkt doch als den wahren erklärte – nachgebend durch Resignation oder Harmonie machte er seinen Frieden, der Roman war aus und nichts gesagt, Gleichzeitigkeit nicht gestaltet.

Verworfen Dualismus, proklamiert Monismus der mit Aufklärung der Naturwissenschaft nichts zu tun hat. Der Sinn ist nicht in den Erscheinungen, er ist im Wandrer der ihn in sie trägt. Aber es erhebt sich die entscheidende Frage ob der so hineingetragne Sinn Willkür sei oder nicht vielmehr auch er das Ergebnis der Beschäftigung mit den Erscheinungen der Existenz also doch Reflex des Sinns den man in dem Phänomen Existenz zu finden glaubt. Ganz recht: der Sinn den man zu finden glaubt, den man also mitbringt, aus dem die Produktion erst entspringt – es handelt sich um einen Zentralismus von noch nicht erreichter Intensität, es entrollt die Welt einem Hirn als Vorstellung, um die Achse der Grundauffassung legen sich Kristallisationen, alles was früher primär und Selbstzweck der Schildrung war, Erlebnis Gefühle Stimmungen, wird sekundäres Material Beleg Gelegenheit zur Demonstration, alles wird in den Strudel des kreisenden Mittelpunkts, in die Atmosphäre gezogen in der durch Anlagrung ein Kosmos entsteht rotiert ist. Anschaulichkeit wird überwunden an ihre Stelle tritt Anschauung, der Roman als Projektion.

Von Anschauung, dem Absoluten, her gibt es keinen Unterschied mehr von Phantasie (mattes Wort Damenwort, erlaubt nur noch: Vorstellungskraft) Denken Verstand Reflexion – Eroberung aller dieser Mittel für die Epik, Verzicht auf den Ehrgeiz ein klares leicht lesbares Buch nach bürgerlichem Ideal zu schreiben. Hilflos sitzt Leser da wie er hilflos vor einem kubistischen gar abstrakten Bild steht. Ihr sollt nicht mehr lesen um euch zu unterhalten, auch nicht um durch angenehmes Beiwohnen den Leidenschaften andrer ein wenig zum Sinnen angeregt zu werden; ihr sollt indem ihr den Kosmos eines Hirns anschaut in die denkende ruhende Sphäre der Anschauung, den philosophischen Zustand, gehoben werden. Mühe, hervorgerufen durch die Einschaltung von Erzählungen mit andren Vorgängen Menschen, ist beabsichtigt; ihr sollt euch nicht drei Stunden mit dem Buch beschäftigen, sondern drei Wochen denkend verbracht.

11 ROBERT MUSIL: Interview mit Oskar Maurus Fontana: Was arbeiten Sie? (1926)

Der Interviewer: Ihr neuer Roman – ? Er heißt?
Musil: „Die Zwillingsschwester" [später: „Der Mann ohne Eigenschaften"].
Der Interviewer: Zeit?
Musil: Von 1912 bis 1914. Die Mobilisierung, die Welt und Denken so zerriß, daß sie bis heute nicht geflickt werden konnten, beendet auch den Roman.
Der Interviewer: Was wohl als Symptom gewertet werden darf!
Musil: Gewiß. Wenn ich dabei den Vorbehalt machen darf, *keinen* historischen Roman geschrieben zu haben. Die reale Erklärung des realen Geschehens interessiert mich nicht. Mein Gedächtnis ist schlecht. Die Tatsachen sind überdies immer vertauschbar. Mich interessiert das geistig Typische, ich möchte geradezu sagen: das Gespenstische des Geschehens.
Der Interviewer: Wo ist der Punkt, wo Sie ansetzen?
Musil: Ich setze voraus: Das Jahr 1918 hätte das 70jährige

Regierungsjubiläum Franz Josefs I. und das 35jährige Wilhelms II. gebracht. Aus diesem künftigen Zusammentreffen entwickelt sich ein Wettlauf der beiderseitigen Patrioten, die einander schlagen wollen und die Welt, und im Kladderadatsch von 1914 enden. „Ich habe es nicht gewollt!" Kurz und gut: es entwickelt sich das, was ich „die Parallelaktion" nenne. Die Schwarzgelben haben die „österreichische Idee", wie Sie sie aus den Kriegserinnerungen kennen: Erlösung Österreichs von Preußen – es soll ein Weltösterreich entstehen nach dem Muster des Zusammenlebens der Völker in der Monarchie – der „Friedenskaiser" an der Spitze. Krönung des Ganzen soll eben das imposante Jubeljahr 1918 bringen. Die Preußen wieder haben die Idee der Macht auf Grund der technischen Vollkommenheit – auch ihr Schlag der Parallelaktion ist für 1918 geplant.

Der Interviewer: Also eine sehr ironisch durchsetzte Materie. Aber ich möchte Sie zuvor nicht danach fragen, sondern lieber: Wie setzen Sie diese Umwelt resp. Umwelten in Bewegung?

Musil: Zuerst, indem ich einen jungen Menschen einführe, der am besten Wissen seiner Zeit, an Mathematik, Physik, Technik geschult ist. Dieser tritt in das Leben von heute – denn nochmals, mein „historischer" Roman soll nichts geben, was nicht auch heute Geltung hätte. Der also sieht zu seinem Erstaunen, daß die Wirklichkeit um mindestens 100 Jahre zurück ist hinter dem, was gedacht wird. Aus diesem Phasenunterschied, der notwendig ist und den ich auch zu begreifen suche, ergibt sich ein Hauptthema: *Wie soll sich ein geistiger Mensch zur Realität verhalten?* Dem stelle ich eine Gegenfigur gegenüber: den Typus des Mannes größten Formats und oberster Welt. Er verbindet wirtschaftliches Talent und ästhetische Brillanz zu einer sehr merkwürdigen und bezeichnenden Einheit. Nach Österreich kommt er aus Berlin, um sich zu erholen – in Wahrheit aber, um in aller Stille seinem Konzern die bosnischen Erzlager und Holzschlagungen zu sichern. Im Salon der „zweiten Diotima", der Gattin eines Präsidialisten, des Repräsentanten der altösterreichischen Weltbeglückung stößt er auf diese Frau. Zwischen beiden entwickelt sich nun ein „Seelenroman", der im Leeren enden muß. Zugleich trifft der junge Mensch anläßlich eines Sterbefalles im Haus seiner toten Eltern seine Zwillingsschwester, die er bisher nicht kannte. Die Zwillingsschwester ist biologisch etwas sehr Seltenes, aber sie lebt in uns allen als geistige Utopie, als manifestierte Idee unserer selbst. Was den meisten nur Sehnsucht bleibt, wird meiner Figur Erfüllung. Und bald leben die beiden ein Leben, das der guten Gemeinschaft einer alten Ehe entspricht. Ich stelle die beiden mitten hinein in den Komplex der „Schmerzen von heute": Kein Genie, keine Religion, statt „in etwas leben" – „für etwas leben" – lauter Zustände, in denen ich unsere Idealität äonisiere. Als Bruder und Zwillingsschwester: das Ich und das Nicht-Ich fühlen den inneren Zwiespalt ihrer Gemeinsamkeit, sie zerfallen mit der Welt, fliehen. Aber dieser Versuch, das Erlebnis zu halten, zu fixieren, schlägt fehl. Die Absolutheit ist nicht zu bewahren. Ich schließe daran, die Welt kann nicht ohne das Böse bestehen, es bringt Bewegung in die Welt. Das Gute allein bewirkt Starre. Ich gebe dazu die Parallele mit dem Paar: Diotima und Wirtschaftsheld. Würde er keine Geschäfte machen, könnte er keine Seele haben; nicht wegen des Geldes, das man braucht, um sich eine leisten zu können, sondern weil das Heilige ohne das Unheilige ein regloser Brei ist. Auch diese Zweiheit ist bedingt und notwendig. Die Erzählung läuft dann weiter, indem ich den Kernkomplex: Liebe und Ekstase von der Wahnsinnsseite her aufrolle durch eine von der Erlösungsidee Besessene. Die Geschehnisse spitzen sich zu einem Kampf zwischen dem Alumnen eines neuen Geistes und dem Wirtschaftsästheten zu. Ich schildere da eine große Sitzung, aber keiner von beiden erhält das Geld, das zu vergeben ist, sondern ein General, Vertreter des Kriegsministeriums, das ohne Einladung einen Delegierten entsandte. Das Geld wird für Rüstungen aufgewandt. Was gar nicht so dumm ist, wie man gewöhnlich glaubt, weil alles Gescheite sich gegenseitig aufhebt. Aus Opposition gegen eine Ordnung, in der der Ungeistigste die größten Chancen hat, wird mein junger „Held" Spion. Sein spielerisches Interesse ist daran beteiligt und auch sein Lebensinhalt. Denn das Mittel seiner Spionage ist die Zwillingsschwester. Sie reisen durch Galizien. Er sieht, wie ihr Leben sich verliert und auch seines. Der junge Mensch kommt darauf, daß er zufällig ist, daß er seine Wesentlichkeit erschauen, aber nicht erreichen kann. Der Mensch ist nicht komplett und kann es nicht sein. Gallertartig nimmt er alle Formen an, ohne das Gefühl der Zufälligkeit seiner Existenz zu verlieren. Auch ihn, wie alle Personen meines Romans, enthebt die Mobilisierung der Entscheidung. Daß Krieg wurde, werden mußte, ist die Summe all der widerstrebenden Strömungen und Einflüsse und Bewegungen, die ich zeige.

Der Interviewer: Müssen Sie da nicht noch eine ganz große Anzahl von Hauptpersonen haben, um einen solchen Kreis ziehen zu können?

Musil: Ich komme mit etwa zwanzig Hauptpersonen aus.

Der Interviewer: Und fürchten Sie nicht bei der Struktur Ihres Romans das Essayistische?

Musil: Ich fürchte es schon. Ebendarum habe ich es durch zwei Mittel bekämpft. Zuerst durch eine ironische Grundhaltung, wobei ich Wert darauf lege, daß mir Ironie nicht eine Geste der Überlegenheit ist, sondern eine Form des Kampfes. Zweitens habe ich meiner Meinung nach allem Essayistischen gegenüber ein Gegengewicht in der Herausarbeitung lebendiger Szenen, phantastischer Leidenschaftlichkeit.

Der Interviewer: Trotzdem Ihr Roman seinen Personen nur den Kopfsprung in die Mobilisierung als Ausweg läßt, glaube ich ihn nicht als pessimistisch ansprechen zu sollen?

Musil: Da haben Sie recht. Im Gegenteil. Ich mache mich darin über alle Abendlandsuntergänge und ihre Propheten lustig. Urträume der Menschheit werden in unseren Tagen verwirklicht. Daß sie bei der Verwirklichung nicht mehr ganz das Gesicht der Urträume bewahrt haben – ist das ein Malheur? Wir brauchen auch dafür eine neue Moral. Mit unserer alten kommen wir nicht aus. Mein Roman möchte Material zu einer solchen neuen Moral geben. Er ist Versuch einer Auflösung und Andeutung einer Synthese.

Der Interviewer: Wo ordnen Sie Ihren Roman in die zeitgenössische Epik ein?

Musil: Erlassen Sie mir die Antwort.

[Nach einer Pause:]

Wo ich meinen Roman einordne? Ich möchte Beiträge zur geistigen Bewältigung der Welt geben. Auch durch den Roman. Ich wäre darum dem Publikum sehr dankbar, wenn es weniger meine ästhetischen Qualitäten beachten würde und mehr meinen Willen. Stil ist für mich exakte Herausarbeitung eines Gedankens. Ich meine den Gedanken, auch in der schönsten Form, die mir erreichbar ist.

12 Robert Musil: Manas (Alfred Döblin: Manas. Epische Dichtung) (1927)

[...] Die Überzeugung, das Epos als besondere Kunstform sei heute im letzten Abwelken, hat gute Gründe für sich; die Nachahmungen der mittelalterlichen Verserzählung, welche vor der Zeit des Realismus die deutsche Bürgerstube entzückten, bedeuteten einen äußersten Tiefpunkt, und wenn trotzdem seither noch bedeutende Dichter, ohne für den Vers geboren zu sein, und nur in einer besonderen inneren Konstellation, Epen geschrieben haben, so war dies deutlich als eine Ausnahme zu erkennen. Entweder drückte sich darin ein spielendes Behagen aus, das sich der archaisierenden Form etwa so bediente, wie man sich eine unendlich lange Zigarre anzündet, um das Tempo der Gedanken zur Träumerei zu verlangsamen, oder es drückte sich ein romantisches Unbehagen aus, dem das Wort des Dichters nicht weit genug von den Worten der Welt wegliegen konnte, die ja manchen Priestern der reinen Dichtung als rettungslos profaniert erscheint. Die wirkliche Führung ist lange schon an den Roman übergegangen, und wenn man sich da, die Produkte der Verlagsindustrie beiseite lassend, an die großen Beispiele hält, so sieht man eine Entwicklung, die sich nicht nur vom Epos entfernt, sondern sogar schon vom Epischen, das heißt jenen mit der Vergangenheit gemeinsamen Elementen, welchen der Roman es verdankt, daß er für eine Art ziviler Form der epischen Dichtung gilt. Denn episch im eigentlichen oder alten Sinn sind im Roman nur noch das Breite, Malende, Verweilende, Fädenspinnende und jenes schwer zu beschreibende „Leserische an sich", das durch eine eigentümliche Betäubung, Abblendung, Einengung und Entrückung den Leser vorübergehend zwingen kann, auf alle geistigen Fähigkeiten, die ihn im Leben auszeichnen, zu verzichten und atemlos einer unter Umständen völlig albernen Geschichte zu folgen. So paradox es ist, sind, wörtlich genommen, heute weit mehr schlechte Romane epische Dichtungen zu nennen, als gute. Das Intelligentere, Umfassendere, Biegsamere, Schnellere, die Fähigkeit, große Bilder zu gestalten, ohne auf das scharfe Licht der Wahrheit zu verzichten, mit einem Wort, das Eigentliche, die größere und zeitgemäßere geistige Begabtheit, welche den Roman vor den anderen Formen der Dichtung auszeichnet, ist in diesem Sinn unepisch. Zumindest ist der Roman heute schon dadurch in eine innere Krisis gebracht worden, die den Fachleuten bekannt ist, aber auch im Publikum sich äußert als eine mehr oder weniger eingestandene Abneigung gegen das Lange und Dicke der Erzählerei, für das der zeitgenössische Mensch nicht mehr genug Zeit zu haben behauptet, als eine Abneigung gegen die dünne Substanz des erfundenen Lebens, vergleicht man es mit der gedrängten Wirklichkeit und gegen die naive Selbstgefälligkeit der Erzähler, welche sich noch immer breit wie die Kinderfrauen niederlassen, während die Kinder doch längst nicht mehr die Geduld und Gläubigkeit ihrer Großeltern besitzen. Ich will keineswegs behaupten, daß alle diese Reaktionserscheinungen schon die rechte Form gefunden haben, aber sie beweisen, daß das Epische heute äußerst problematisch geworden ist.

Nicht minder das Mythologische. Noch stehen in den Gärten die Sandsteingruppen mit Schwert und Bogen, welche unsere Ureltern errichtet haben, aber sie muten sinnlos an, wie verlassene Spielsachen. Unsere Zeit kennt die Mythen dank ihren Forschungen weit besser, als sie früher gekannt wurden, aber sie behandelt sie wie schöne, prähistorische Scherben, die ins Museum gehören. Kein Gedanke daran, daß aus diesen unzähligen Resten von Menschheitsträumen, die von der Wachheit des Denkens überwunden und zerschlagen worden sind, jemals wieder ein Ganzes werden könnte, daß sie Neues ansetzen könnten; sie mögen im einzelnen reizvolle Erinnerungen bedeuten, aber im ganzen glauben wir zu fühlen, daß sie einer zurückgelassenen Bewußtseinsstufe angehören. Es ist nichts so bezeichnend für den Zustand unseres Bewußtseins, wie die Spaltung seiner Neigungen zwischen Musik und Prosa; während die Dichtung sich immer mehr zu Prosa konzentriert und ihre alten Zaubermittel nur noch in der Pillenform des lyrischen Gedichts zur Anwendung bringt, hat sich das Bedürfnis nach Zauber, Entrückung, großer Phrase und religiöser Bewegtheit die Wolkenburg der Musik geschaffen. Diese seelische Doppelexistenz, welche wir zwischen einem zu unlyrischen und einem zu lyrischen, gar nicht mehr an die Wahrheiten der Wirklichkeit gebundenen Zustand führen, ist eine der Ursachen, warum die Künste heute als so artifiziell und das Leben als so mechanisch, das heißt, beide nicht die volle Menschenseele angehend, empfunden werden. Wenn so aber unser Zustand ist, dann ist vielleicht das Bedürfnis nach Mythik, sicher aber nicht das nach Epik – im verlorengegangenen Sinn der Erhebung des Lebens ins Gesanghafte – erledigt, sondern es ist bloß beiseite gedrängt oder vernachlässigt, und kurz gesagt, es gibt nicht viele Fragen, welche für die Dichtung so wichtig sind, wie diese, auf welche Weise man ihr den Rausch, die Götter, den Vers, das Überlebensgroße wiedergeben könnte, ohne gipserne Monumentalität und ohne die erreichte Helle unseres Geistes künstlich zu verfinstern. Mit einem Wort, unser Roman hat das Epos so gründlich überwunden, daß sich an der Spitze der Entwicklung bereits wieder das Bedürfnis nach einer Gegenschwingung merken läßt, was durchaus nicht das gleiche ist wie eine Umkehr. [...]

13 ROBERT MUSIL: Der Mann ohne Eigenschaften (1930)

1. Buch, Kapitel 122: Heimweg

[...] als einer jener scheinbar abseitigen und abstrakten Gedanken, die in seinem Leben oft so unmittelbare Bedeutung gewannen, fiel ihm ein, daß das Gesetz dieses Lebens, nach dem man sich, überlastet und von Einfalt träumend, sehnt, kein anderes sei als das der erzählerischen Ordnung! Jener einfachen Ordnung, die darin besteht, daß man sagen kann: „Als das geschehen war, hat sich jenes ereignet!" Es ist die einfache Reihenfolge, die Abbildung der überwältigenden Mannigfaltigkeit des Lebens in einer eindimensionalen, wie ein Mathematiker sagen würde, was uns beruhigt; die Aufreihung alles dessen, was in Raum und Zeit geschehen ist, auf einen Faden, eben jenen berühmten „Faden der Erzählung", aus dem nun also auch der Lebensfaden besteht. Wohl dem, der sagen kann „als", „ehe" und „nachdem"! Es mag ihm Schlechtes widerfahren sein, oder er mag sich in Schmerzen gewunden haben: sobald er imstande ist, die Ereignisse in der Reihenfolge ihres zeitlichen Ablaufes wiederzugeben, wird ihm so wohl, als schiene ihm die Sonne auf den Magen. Das ist es, was sich der Roman künstlich zunutze gemacht hat: der Wanderer mag bei strömendem Regen die Landstraße reiten oder bei zwanzig Grad Kälte mit den Füßen im Schnee knirschen, dem Leser wird behaglich zumute, und das wäre schwer zu begreifen, wenn dieser ewige Kunstgriff der Epik, mit dem schon die Kinderfrauen ihre Kleinen beruhigen, diese bewährteste „perspektivische Verkürzung des Verstandes" nicht schon zum Leben selbst gehörte. Die meisten Menschen sind im Grundverhältnis zu sich selbst Erzähler. Sie lieben nicht die Lyrik, oder nur für Augenblicke, und wenn in den Faden des Lebens auch ein wenig „weil" und „damit" hineingeknüpft wird, so verabscheuen sie doch alle Besinnung, die darüber hinausgreift: sie lieben das ordentliche Nacheinander von Tatsachen, weil es einer Notwendigkeit gleichsieht, und fühlen sich durch den Eindruck, daß ihr Leben einen „Lauf" habe, irgendwie im Chaos geborgen. Und Ulrich bemerkte nun, daß ihm dieses primitiv Epische abhanden gekommen sei, woran das private Leben noch festhält, obgleich öffentlich alles schon unerzählerisch geworden ist und nicht einem „Faden" mehr folgt, sondern sich in einer unendlich verwobenen Fläche ausbreitet. [...]

14 Robert Musil: Aus einem Notizbuch (1932)

Mancher wird fragen: welchen Standpunkt nimmt denn nun der Autor ein und welches ist sein Ergebnis? Ich kann mich nicht ausweisen. Ich nehme das Ding weder allseitig (was unmöglich ist im Roman), noch einseitig; sondern von verschiedenen zusammengehörigen Seiten. Man darf die Unfertigkeit einer Sache aber nicht mit der Skepsis des Autors verwechseln. Ich trage meine Sache vor, wenn ich auch weiß, daß sie nur ein Teil der Wahrheit ist, und ich würde sie ebenso vortragen, wenn ich wüßte, daß sie falsch ist, weil gewisse Irrtümer Stationen der Wahrheit sind. Ich tue in einer bestimmten Aufgabe das Möglichste.

Dieses Buch hat eine Leidenschaft, die im Gebiet der schönen Literatur heute einigermaßen deplaziert ist, die nach Richtigkeit, Genauigkeit.

Die Geschichte dieses Romans kommt darauf hinaus, daß die Geschichte, die in ihm erzählt werden sollte, nicht erzählt wird.

Das Prinzip der Teillösungen, das für meine Aufgabenstellung wichtig ist, auch vorbringen ... Grund vieler Mißverständnisse. Das Publikum bevorzugt Dichter, die aufs Ganze gehn.

Die Leser sind gewöhnt zu verlangen, daß man ihnen vom Leben erzähle und nicht vom Widerschein des Lebens in den Köpfen der Literatur und der Menschen. Das ist aber mit Sicherheit nur soweit berechtigt, als dieser Widerschein bloß ein verarmter, konventionell gewordener Abzug des Lebens ist. Ich suche ihnen Original zu bieten, sie müssen also auch ihr Vorurteil suspendieren.

Sich der Unwirklichkeit bemächtigen ist ein Programm, also Hinweis auf Band II, als Abschluß ist es aber fast ein Unsinn.

Band I schließt ungefähr mit dem Höhepunkt einer Wölbung; sie hat auf der anderen Seite keine Stütze. Was mich zur Veröffentlichung bewegt, ist das, was ich immer getan habe: es kommt auf die Struktur einer Dichtung heute mehr an als auf ihren Gang. Man muß die Seite wieder verstehen lernen, dann wird man Bücher haben.

15 ROBERT MUSIL: Aufzeichnungen zur Krisis des Romans (ca. 1930–1932)

[...] Eine Vorfrage: Ist es anzunehmen, daß etwas im Lauf eines Menschenalters in eine Krise gerät oder plötzlich eine Epoche erlebt, das mehr als ein Jahrtausend überstanden hat, ohne sich in seinem Wesen zu ändern? Es hat im Jahre 500 n. Chr. Romane gegeben, und wahrscheinlich haben sie ihre noch viel älteren Vorläufer gehabt, die immer noch als Vorbild unserer Magazin- und Zeitschriftenromane gelten könnten.

Einwand: Trotzdem gibt es einen Wendepunkt: den des Zurücktretens des Epos, den Sieg des Romans über das Epos. Ist er mit Notwendigkeit verbunden? Wir haben allerdings das Gefühl, daß epische Dichtung nicht zu uns paßt. Aber hängt das nicht vielleicht mit dem Zurücktreten der Lyrik zusammen? Ist das Verlangen nach Lyrik aber wirklich schwächer geworden? Die Auflagen Rilkes und Werfels. Anderseits: Das „Erzählen" kommt ganz aus der Situation des epischen Vortrags. Das Erzählen ist Bericht. Was läßt man sich gern berichten? Etwas Neues und etwas gern Gehörtes!

Sollen wir sagen, daß wir die breite Ausgestaltung eines Menschenschicksals nicht mehr vertragen? Zu besingen, wie Herr A.

dem Fräulein B. einen Kuß gibt (sich verlobt und entlobt), setzt sehr viel Bedeutung und Würde dieser kleinen Handlung voraus. Die gehobene Darstellung setzt gehobenes Leben, Wille zu einem solchen voraus. Wir sind prosaisch geworden (d. h. wir sind unbürgerlich geworden. Aber das Kommende wird wieder seine Poesie haben?).

Ich habe die Vorstellung, daß der Mensch im Mittelalter nicht so schnell geschwätzt hat wie heute. Er wird ähnlich gesprochen haben wie unsere Bauern es heute noch tun. Sie bewahren im Oberdeutschen ja auch noch viel von seiner Mundart. Ein Mensch, der zögernd, gedrungen und vokalisch spricht, hat es verhältnismäßig leicht, in Vers überzugehn. Er spricht in Brocken, wir sprechen rieselnden Sand. Also wäre schon die Sprache prosaischer geworden.

Ein anderer Grund: Erinnerung an den Jugendeindruck, daß man das, was heute wichtig sei, nur in Prosa ausdrücken könne. Prosa ist gelenkiger, biegsamer, eindringlicher und elastischer, denn sie bohrt und schnellt auf das breiteste ins Allgemeine aus. Man darf auch hier hinzufügen, daß die Lebensart prosaischer geworden ist.

Das wäre sozusagen eine Epoche (Wandlung) von innen heraus. Aber es gibt auch Einwirkungen von außen. Wir erleben heute die ungeklärte Beziehung zwischen Theater und Film und Tonfilm. Man muß das Lesen auch als eine soziale Erscheinung betrachten. Die Linie: höfischer Barde – Druck ist zu ergänzen durch die: auf sich zurückgezogener Privatmensch – ins Öffentliche getretener Mensch. Das Lesen hat seine feste soziale Funktion verloren. Es ist teils eine Art Laster geworden, ein „Zeitvertreib" (war es allerdings immer), andernteils eine teils künstlich konservierte, teils ganz hohe Beschäftigung.

Man könnte nun sagen: Gilt der völlige Übergang vom Epos zum Roman als erster Schritt, so folge nun der zweite; es kommt nach der Gehobenheit ein zweites Element daran, vielleicht das Grundelement, das des Erzählens.

Äußerlich ist die gegenwärtige Krise des Romans so in Erscheinung getreten.

Wir wollen uns nichts mehr erzählen lassen, betrachten das nur noch als Zeitvertreib. Für das, was bleibt, suchen zwar nicht „wir", aber unsere Fachleute eine neue Gestalt. (Das Neue erzählt uns die Zeitung, das gern Gehörte betrachten wir als Kitsch).

Das ist aber nun nicht ganz richtig. Kommunisten und Nationalisten und Katholiken möchten sich sehr gern etwas erzählen lassen. Das Bedürfnis ist sofort wieder da, wo die Ideologie fest ist. Wo der Gegenstand gegeben ist.

Auch ich bin nicht ganz damit einverstanden. Und so komme ich auf die zwei charakteristischsten mir gemachten Einwände: Daß ich zuwenig und daß ich zuviel erzähle.

Man kann als die spaltende Frage auch die des philosophischen Gehalts benutzen. Ich möchte einmal ganz naiv meinen eigenen Werdegang zu Papier bringen.

Reiz des Erzählens vielleicht am stärksten in der Kindheit. Noch einmal! verlangt das Kind! Es scheint leichter zu sagen [zu] sein, warum uns das Erzählen widerstrebt, als warum wir es lieben. Abtrennen muß man eigentlich Versuche wie: Synchronismus, Auflockerung udgl. Da hat sich der Gegenstand des Erzählens geändert. Die Gleichzeitigkeit des Lebens heute und den Helm des [?] zur Zeit Homers beschreiben ist z. T. das gleiche. (z. T. löst der Gegenstand aber auch eine andere Tätigkeit aus.) Ohne Änderung des Gegenstandes drängen aber auch im Erzählen selbst andere Funktionen vor; die Sinngebung des Daseins, die Gestaltung, die Sinngestaltung.

16 JAKOB WASSERMANN: Über „Publikumserfolg" (1928)

[...] Ich soll Ihnen erklären, wie es kommt, daß ich einen breiten Leserkreis und hohe Auflagen habe, ohne daß ich, wie Sie selbst hinzufügen, dem Publikum irgendwelche Konzessionen mache. Ihre Ansicht, als sei eine solche populäre Wirkung „im allgemeinen" das Kennzeichen des bloßen Unterhaltungsschriftstellers, kann ich jedoch nicht teilen. Gerade im allgemeinen ist es nicht der Fall. Vielleicht in Deutschland, das mag sein; die Gleichgültigkeit der Nation gegen die höhere epische Romanform zu brechen, ist erst in den letzten fünfundzwanzig Jahren gelungen, und ich brauche Ihnen nicht die drei, vier Namen zu nennen, denen dies zu danken ist und die sich eine Leserschaft geradezu erzogen haben; bis dahin hatte der Professoren- und

Philologengeist sein Veto eingelegt gegen die patinalose Aktualität einer Gattung, die aus klassischen Epochen her noch verdächtig war. (Ich bilde mir natürlich nicht ein, daß dieser Geist aufgehört habe, sich zu wehren und da und dort in der Provinz seine Diktate aufzustellen.) In England, Rußland, Frankreich und Skandinavien haben die großen Romanschöpfer stets das Ohr ihrer Welt, ihrer Gesellschaft, ihrer Zeit gehabt, und höhere Auflagen als etwa Dickens, Thackeray, Tolstoi, Scott, Anatole France, Maupassant usw. usw. hatten auch die *minores gentes* nicht aufzuweisen. Freilich ist es in diesen Ländern nicht ein Zeichen literarischer Bedenklichkeit, gelesen zu werden, Gegenstand der Diskussion zu sein, die Öffentlichkeit zu beschäftigen, sondern es ist im Gegenteil eine legitime Wirkung. Aber um zum Kern Ihrer Frage überzugehen, vergessen sie doch nicht, daß hinter der seit einigen Jahren bemerkbaren Publikumsgeltung meiner Bücher eine fünfunddreißigjährige Bemühung liegt, ich möchte sagen, und Sie werden mich nicht mißverstehen, eine systematische Bemühung, eine unablässige Disziplinierung jedenfalls, denn ich war von Anfang an der Meinung, daß der Romanschriftsteller eine sinnlose Existenz und das Verfassen von Romanen eine sterile Tätigkeit ist, wenn dahinter nicht die Nation oder wenigstens ein Teil der Nation steht, lebendiges Echo, Gefolgschaft, Glaubende, Angerührte, Schaufähige, Fühlfähige, Verwandlungsbereite, Erkenntnisbereite. Und worin besteht nun jene „Bemühung"? Im Suchen und in der Ausgestaltung der Form, im Bauen des Stils, in der Prägung der persönlichen Melodie, die man vorzutragen hat, in der allmählichen Komposition der gesetzhaften Zeittypen, denen Individuelles untergelegt werden muß und die sich dann auf diesem Fundament wieder zu höher geartetem Individuellen hinaufzubilden haben, in der Ausmerzung des Unwesentlichen, in der Vereinfachung der Handlungslinien, im richtigen Einsatz und der kunstvollen Verteilung der Spannungselemente, in der Kontrastierung der Charaktere, in der Belichtung oder Beschattung der Episoden und in zahllosen andern Erwägungen. Es ist ein schwieriges und aufreibendes Metier, denn ich rede dabei gar noch nicht vom Selbstverständlichen, vom Einfall, von der Vision, von allem, was Gnade ist, aber daß es nebenbei noch ein Handwerk ist, eines, das unter Umständen erfordert, daß man ein und dieselbe Seite, ein und dasselbe Kapitel zehn-, fünfzehn-, zwanzigmal macht, das weiß man bei uns zu wenig, die Qualitäten und Kategorien werden nicht genug unterschieden, und da an den wirklichen Kunstwerken natürlich die „Begnadung" am augenscheinlichsten ist, wie es auch sein soll, lassen sie das ungeheure Maß von Arbeit nicht ahnen, das sie gekostet haben und gekostet haben müssen, sonst sind sie eben keine Kunstwerke. Den Seinen gibt's der Herr nie im Schlaf, glauben Sie mir. [...]

17 HERMANN BROCH: Brief an Daniel Brody vom 5. 8. 1931

[...] Sie kennen meine Theorie, daß der Roman und die neue Romanform die Aufgabe übernommen haben, jene Teile der Philosophie zu schlucken, die zwar metaphysischen Bedürfnissen entsprechen, dem derzeitigen Stande der Forschung aber gemäß, heute als „unwissenschaftlich" oder, wie Wittgenstein sagt, als „mystisch" zu gelten haben. *Die Zeit des polyhistorischen Romans ist angebrochen.* Es geht aber nicht an, daß man diesen Polyhistorismus in Gestalt „gebildeter" Reden im Buche unterbringt oder zu dieser Unterbringung Wissenschaftler als Romanhelden präferiert. Der Roman ist Dichtung, hat also mit den Ur-Moventien der Seele zu tun, und eine „gebildete" Gesellschaftsschicht zum Romanträger zu erheben, ist eine absolute Verkitschung. So sehr Gide, Musil, der Zauberberg, in letzter Derivation Huxley als Symptome des kommenden polyhistorischen Romans auch zu werten sind, so sehr finden Sie bei allen diesen die fürchterliche Einrichtung der „gebildeten" Rede, um den Polyhistorismus unterbringen zu können. Bei den meisten dieser Autoren steht die Wissenschaft, steht die Bildung wie ein kristallener Block neben ihrem eigentlichen Geschäft, und sie brechen einmal dieses Stückchen, ein andermal jenes Stückchen davon ab, um ihre Erzählung damit aufzuputzen. Musils Methode wird allerdings in gewissem Sinne wieder legitim, – aber das führt zu weit; zu sagen ist bloß noch, daß der Polyhistorismus Joyces auf ein anderes Blatt gehört. Immerhin sehen Sie bei Joyce im Gegensatz zu allen anderen! die Tendenz, das Rational-intellektuelle vom Psychischen abzutrennen, den Romanfluß aufzuheben und eine völlig andere Betrachtungsweise einzuschieben. Joyce hat mit dem Bildungs-Unwesen der anderen nichts zu tun, – aber weder seine Methode noch seine souveräne Virtuosität sind nachzuahmen, ganz einfach, weil es einmalig ist.

Nun meine Methode: so gerne ich sie mit Joyce vergliche, weiß ich meine Grenzen. Aber ich weiß auch, daß der „Zerfall" (den man freilich nicht allein nehmen darf, vielmehr bildet er mit der Gesamtmethode des Huguenau ein Ganzes) einen wesentlichen und originalen Schritt zum polyhistorischen Roman darstellt. Über die Schichtenkonstruktion habe ich der gnädigen Frau schon geschrieben. Und nun wäre nur noch dazu zu sagen, daß das Wissenschaftliche eben nicht als Gesprächsfüllsel verwendet wird, sondern als oberste rationale Schicht mitschwimmt und mitschwingt. Es ist also ganz ausgeschlossen, den „Zerfall" anders einzugliedern, als es geschehen ist. Ganz abgesehen davon, daß er in fortlaufender Kontrapunktik zu der „Heilsarmee" komponiert ist und mit ihr auch in einem inhaltlichen Zusammenhang steht, so werden Sie auch bemerken, daß jedes dieser „wissenschaftlichen" Kapitel mit dem vorangehenden und den ihm nachfolgenden in eine Art kommentierenden Konnex gesetzt worden ist. Ebenso ist es mit der Stilfärbung, die im Huguenau wellenförmig auf- und abschwingt und dieser rationalen Wellenkämme unbedingt benötigt. (Wenn das soi-disant Wissenschaftliche noch irgendwo gemildert werden kann, so soll's trotzdem geschehen.) Und als Letztes: diese rationale Sinngebung des Ganzen, zusammen mit den vielen rein dichterischen Sinngebungen auf den anderen Schichten, schließt es aus, daß das „Wissenschaftliche" als krystalliner Block *neben* dem Roman steht; es *entsteht* vielmehr fortlaufend aus dem Roman selber, – und daß es überdies auch im quasi wissenschaftlichen Sinne eine völlig neue Geschichtsphilosophie enthält, zeugt im besonderen (abgesehen davon, daß es womöglich vom Leser nicht gemerkt werden soll) von der Autochthonie des neuen Verfahrens. [...]

18 Hermann Broch: James Joyce und die Gegenwart (1932)

[...] Wenn sechzehn Lebensstunden auf 1200 Seiten beschrieben werden, das ist 75 Seiten pro Stunde, mehr als eine Seite für jede Minute, nahezu eine Zeile für jede Sekunde, wenn außerdem die natürlichen Bedürfnisse des Menschen genau festgehalten werden, so könnte man meinen, daß das Wesen dieses Buches eine grandiose naturalistische Registrierung wäre. Dieser Naturalismus ist vorhanden, er ist sogar mit aller Intensität vorhanden und ist keineswegs, wie viele meinen, aufs Psychologische und auch nicht auf den für Joyce eigentümlichen inneren Monolog beschränkt, sondern er umfaßt alle naturalistischen Methoden von Zola bis Dostojewskij und geht weit über sie hinaus. Aber dieses, oftmals bis zur satirischen Karikatur verschärfte, realistische Porträt des Herrn Bloom und seiner Gegenspieler und der Stadt Dublin im Jahre 1905 bildet bloß den Untergrund für ein viel phantastischeres Gemälde, ja, es ist nicht einmal ein Untergrund, es ist vielmehr eine Art Mittelschicht, durch die Phantastisches, Märchenhaftes hindurchschimmert. Ein Stilleben Snyders ist bloß naturalistisch, der geschlachtete Ochse Rembrandts ist mehr als naturalistisch.

Es ist naheliegend, solche Entnaturalisierung des Naturalismus vor allem als Problem des Stils zu betrachten. Des Formalen wird man ja immer am ehesten habhaft, und auch bei Rembrandt denkt man zunächst an Beleuchtungsprobleme. Und tatsächlich ist es so, daß neben und unter und über dem durchgängigen Naturalismus des Ulysses alle nur irgendwie möglichen Stilarten zu Tage treten. Nicht nur, daß die althergebrachten Darstellungsformen, also die epische, die lyrische, die dramatische zur Einheit verschmolzen sind, nicht nur, daß diese selber mannigfachst variiert werden, in Transformationen, die vom wissenschaftlichen Ausdruck bis zum homerischen ansteigen, und daß jedes der zwölf Ulysseskapitel in einem andern Stil geschrieben ist, es gibt auch Partien in diesem Buch, die man als durchaus expressionistisch bezeichnen könnte, ja solche, in denen das Darstellungsobjekt in einer Weise aufgelöst erscheint, daß man es versteht, wenn Kritiker von einem Dadaismus gesprochen haben. Natürlich könnte man aus solchem Auftauchen aller Strömungen, die die moderne Literatur auszeichnen und sie ausmachen, die besondere Zeitgerechtheit Joyces deduzieren, aber abgesehen davon, daß dies doch eine zu schmale Indizienbasis für solch weitgehende Deduktion ergäbe, könnte man einwenden, daß eine derartige Stilagglomeration einfach nichts anderes als Eklektizismus wäre. Indes die unerhörte Konzentration, mit der alle diese Stilmittel und Ausdrucksformen zur künstlerischen Einheit gebunden, die wahrhaft symphonische Meisterschaft, mit der sie zur architektonischen Akzeleration und Stagnation des Geschehens verwendet werden, diese Meisterschaft voller Ironie, entkräftet den Vorwurf des Eklektizismus, oder richtiger, erhebt diesen zu einem „schöpferischen" Eklektizismus, denn erst in solch neuer Form vermag sich die Zeitgerechtheit zu erweisen, denn erst in solch neuer Einheit und Gebundenheit erweisen die legierten Stile ihre Tragkraft und ihre Existenzberechtigung. Um ein Beispiel zu nennen: der Dadaismus oder der Futurismus hatten wohl ihre gute Zeitbedeutung, doch über ihren Ideengehalt und Ewigkeitswert braucht man nicht zu diskutieren –, etwas ganz anderes aber wird es, wenn futuristische oder dadaistische Elemente als Bausteine in einem Gesamtkunstwerk verwendet werden: erst hier können sie die Möglichkeit einer Weltfacette dartun, die insolange völlig unsichtbar bleibt, als jene Strebungen bloß isoliert betrachtet werden oder mit dem Anspruch auf Totalität auftreten.

Die Joycesche Stilagglomeration ist, technisch gesehen, ein Verfahren, das das Objekt von einer Stilbeleuchtung in die andere rückt, um es völlig auszuschöpfen und ihm das höchste Maß von Wirklichkeit, einer übernaturalistischen Wirklichkeit abzugewinnen. Freilich handelt es sich hiebei nicht um einen jener musikalischen Scherze, die ein Thema in verschiedenen Stilarten abwandeln, sondern hier – und der Begriff des Stils gewinnt überhaupt erst in solchem Umkreis Eigenbedeutung – ist das Objekt aus dem Stil hervorgegangen, bedingt die Wesenheit des Objektes den Stil, erst in solcher fortgesetzten Wirkung und Gegenwirkung eine Realität schaffend, die die innere Realität der Welt ist. Denn alles Sinnhafte entsteht in Spiegelung und Symbol, und das Ursprüngliche und Wirkliche kann ebensowohl am Ende wie am Anfang der Spiegelreihe stehen. Aus dieser Erkenntnis – in diesem Zusammenhang eine technische Erkenntnis – ist es zu erklären, daß bei Joyce alle Stilproblematik schließlich immer wieder unter die Domination des Sprachlichen gebracht wird. Es ist eine Prävalenz des rein Klanglichen voll mystischer Bedeutung, und wer dieses Phänomen bloß auf die Musikalität Joyces zurückführen will, irrt ebenso sehr wie der, welcher von einem dadaistischen Anstrich redet oder sich bloß an den Sprachkult Georges und seiner Schule gemahnt fühlt: nicht auf musikalische Ornamentik kommt es an, sondern auf jene Radikalität, in der das letzte Symbol des Ausdrucks zum Sprachlichen an sich wird, zum Sprachlichen, das am Ende einer jeden Gleichnisreihe aufblüht im Zauberhaften des Klanges, mystisch hervorgewachsen aus fernstem Ursprung und zu ihm zurückkehrend, Ende und Anfang einer jeden Symbolreihe, dennoch in jedem Zwischenglied aufscheinend, weil es nichts gibt, das nicht auch Zwischenglied in den verschiedensten Symbolreihen wäre. Und diese fluktuierende Erfahrung einer fluktuierenden Realität, diese fortgesetzte Verkreuzung der verschiedensten Symbolreihen untereinander und diese fortgesetzte Einschmelzung dieser Reihen im Medium der Sprache, die zugleich als ihr wesenhaftestes Gut aus ihr herausschmilzt, diese höchst komplizierte und subtile Technik als eigentliches Zentrum der Joyceschen Darstellungskunst zu nehmen, mag sicherlich gestattet sein. Die Technik des Leitmotivs z. B., die Joyce so vielfach und in unendlicher Variation anwendet, darf nicht etwa mit der Wagners verwechselt werden, mochte sie sogar dem Musiker Joyce vorgeschwebt haben, vielmehr ist sie eine sozusagen natürliche Konsequenz aus der Verschlingung der Symbolketten, an deren Kreuzungsstellen sich notwendig die wiederkehrenden Motive ergeben, nicht nur die Doppel- und Vieleinigkeit des Ortes und der Sprachgeistigkeit erweisend, sondern auch die Simultaneität all dieser Symbolketten dartuend; immer geht es um die Simultaneität, um die Gleichzeitigkeit der unendlichen Facettierungsmöglichkeit des Symbolhaften, überall spürt man das Bestreben, die Unendlichkeit des Unerfaßlichen, in dem die Welt ruht und die ihre Realität ist, mit Symbolketten einzufangen und zu umranken, die möglichst gleichzeitig zum Ausdruck gebracht werden sollen; und wenn auch dieses Streben nach Simultaneität (das auch durch die Zusammendrängung der Geschehnisse auf einen einzigen Tag angedeutet wird) nicht den Zwang durchbrechen kann, daß das Nebeneinander und Ineinander durch ein Nacheinander ausgedrückt werde, das Einmalige durch die Wiederholung, so bleibt die Forderung nach Simultaneität trotzdem das eigentliche Ziel alles Epischen, ja alles Dichterischen: das Nacheinander der Eindrücke und des Erlebens zur Einheit zu bringen, den Ablauf zur Einheit des Simultanen zurückzuzwingen, das Zeitbedingte auf das Zeitlose der Monade zu verweisen, mit einem Wort die Überzeitlichkeit des Kunstwerks im Begriff der unteilbaren Einigkeit herzustellen.

Joyce hat seine ganze Radikalität und Schonungslosigkeit in den Dienst dieser Forderung gestellt, und es versteht sich, daß die Mittel zur Erreichung solchen Zweckes weder mit dem Prinzip des Stilwechsels, noch durch das der sprachlichen Neugeburt, noch durch die Technik der Symbolreihen und Symbolverkreuzungen erschöpft sind. Was wir bisher darüber gesagt haben, entwickelt bloß eine Art Längsschnitt durch die Joycesche Methode der symbolhaften Darstellung, während sich im Querschnitt eine ganz andere, wesentlich direktere Art der symbolischen Sinngebung zeigt; es gibt fast keine Situation im Ulysses, die neben ihrer naturalistischen nicht auch noch vielfältige andere Bedeutung besäße. Am ehesten läßt sich dies als esoterisch-allegorisches Verfahren charakterisieren. Nicht umsonst heißt das Werk „Ulysses", denn die Wanderung Blooms durch die Stadt Dublin ist eine Odyssee, welche in neuer Verkleidung die Fahrt des edlen Dulders Odysseus mit all ihren Stationen wiederholt. Aber diese Allegorie wäre ein bloßer Witz, wenn sie nicht tiefere geistige Bedeutung hätte, wenn nicht in ihr eine Allegorie zweiter und dritter Potenz enthalten wäre, wenn nicht damit das Wesenhafte des Lebens und des Dichterischen, für das hier Homer steht, nochmals getroffen werden sollte. Es ist ein allegorischer Aufbau und Überbau, der sich ebensowohl auf primitive Lebensfunktionen als auf letzte philosophisch-scholastische Erwägungen bezieht, eine allegorische Kosmogonie, in der überdies Irland und seine Geschichte zur Allegorie der Welt erhoben werden, eine Kosmogonie von solchem Schichtenreichtum und solcher Komplexität, daß sie bloß von einem polyhistorischen und theologischen Geist wie dem Joyces geschaffen werden konnte, daß sie aber auch zu ihrem Verständnis eines ausgedehnten Kommentars wie etwa den Stuart Gilberts benötigt.

Ist dies noch ein technisches Problem? Sicherlich nicht, obwohl, vom Autor gesehen, jedes Darstellungsproblem ein technisches sein muß und das Verständnis eines jeden Werkes aus seiner technischen Genese am leichtesten zugänglich ist. In etwas vereinfachter Schematisierung ließe sich sagen, daß die Joycesche Methode im Längsschnitt eine formale und funktionale, im Querschnitt aber eine inhaltliche und statische Symbolisierung umfasse. Doch derartige Scheidungen sind trotz ihrer Vereinfachung zumeist unscharf, da Inhaltliches und Formales stets ineinanderläuft. Gerade das Problem der doppelten, dreifachen, vielfachen Simultaneität, das so sichtbar aus dem Ulysses hervorgeht, zeigt, wie das Formale und rein Technische schließlich zersprengt wird. Es tritt hier etwas zu Tage, das als eine innere Simultaneität zu bezeichnen wäre. [...]

Der Ulysses hat mit der Relativitätstheorie sicherlich nichts zu tun; sie wird auch nicht mit einem Worte erwähnt. Indes läßt sich mit einigem Fug vertreten, daß die erkenntnistheoretische Wesenheit der Relativitätstheorie in der Entdeckung des logischen Mediums innerhalb der physikalischen Beobachtungssphäre gegeben ist. Das ist so zu verstehen: die klassische Physik begnügt sich damit, die zu erforschenden Erscheinungen zu beobachten und zu messen, sie nahm auf das Beobachtungsmedium, den Akt des Schauens, bloß insoweit Rücksicht, als in diesem, sei es durch die Mangelhaftigkeit der menschlichen Sinnesorgane, sei es durch die der irdischen Meßinstrumente, Fehlerquellen zustande kommen. Die Relativitätstheorie aber hat entdeckt, daß es darüber hinaus eine prinzipielle Fehlerquelle gibt, nämlich den Akt des Sehens an sich, das Beobachten an sich, daß also, um diese Fehlerquelle zu vermeiden, der Beobachter und sein Sehakt, ein idealer Beobachter und ein idealer Sehakt, in das Beobachtungsfeld einbezogen werden müssen, kurzum daß hiefür die theoretische Einheit von physikalischem Objekt und physikalischem Subjekt geschaffen werden muß. Es ist keine Beleidigung für die Relativitätstheorie, wenn wir eine Parallele zur Dichtung ziehen: der klassische Roman begnügte sich mit der Beobachtung von realen und psychischen Lebensumständen, begnügte sich, diese mit den Mitteln der Sprache zu beschreiben. Es galt einfach die Forderung: ein Stück Natur zu sehen durch ein Temperament. Man stellte dar und benützte dazu die Sprache als fix und fertig gegebenes Instrument. Was Joyce tut, ist wesentlich komplizierter. Immer schwingt bei ihm die Erkenntnis mit, daß man das Objekt nicht einfach in den Beobachtungskegel stellen und einfach beschreiben dürfe, sondern daß das Darstellungssubjekt, also der „Erzähler als Idee" und nicht minder die Sprache, mit der er das Darstellungsobjekt beschreibt, als Darstellungsmedien hineingehören. Was er zu schaffen trachtet, ist eine Einheit von Darstellungsgegenstand und Darstellungsmittel im weitesten Sinne genommen, eine Einheit, die manchmal wohl so aussieht, als würde das Objekt durch die Sprache, die Sprache durch das Objekt bis zur völligen Auflösung vergewaltigt werden, die aber trotzdem Einheit bleibt, jedes überflüssige Füllstück, jedes überflüssige Epitheton vermeidet, Einheit, in der eines aus dem andern natürlich herauswächst, weil es in seiner Ganzheit dem Architektonischen untertan ist. [...]

19 HERMANN BROCH: Das Weltbild des Romans (1933)

[...] Wir sahen, daß der Roman im Grunde nicht befugt ist, die Welt so zu schildern, wie sie sein soll, weil er nicht Tendenzdichtung sein darf, wir sahen, daß er eine ganze Reihe von Dingen nicht darf, und wir müssen daher nochmals unsere anfängliche Frage stellen: wodurch unterscheidet sich das Weltbild des Romans von allen anderen sachgebundenen Weltbildern, welches ist sein eigenes Wertsystem, in dem er seine Lebensberechtigung und seine Aufgabe zu erblicken hat? Und soll es wirklich seine Aufgabe sein, die Welt zu schildern, wie sie ist, ist er dann nicht nur Spiegel aller übrigen Weltbilder? hat er nicht auch in diesem Sinne seine Existenzberechtigung verloren?

Und darauf können wir nun antworten. Ja, der Roman hat Spiegel aller übrigen Weltbilder zu sein, aber sie sind ihm genau so Realitätsvokabeln wie jede andere Vokabel der Außenwelt. Und genau wie jede der anderen Realitätsvokabeln, die er von der Außenwelt bezieht, hat er sie in seine eigene dichterische Syntax zu setzen. Gewiß wird der Roman, wird die Dichtung damit zur soziologischen Funktion der Umwelt. Keine menschliche Handlung ist davon auszunehmen. Aber dies ist die äußerste Peripherie. Denn mag auch diese Funktion zeitbedingt und relativistisch sein, die Einheit der dichterischen Syntax erhebt, wenigstens der Idee nach, das Relative in die Zone des Absoluten. Banal ausgedrückt: die Dichtung oder richtiger, das Dichtwerk hat in seiner Einheit die gesamte Welt zu umfassen, sie hat in der Auswahl der Realitätsvokabeln die Kosmogonie der Welt zu spiegeln, sie hat in dem Wunschbild, das sie gibt, die Unendlichkeit des ethischen Wollens aufleuchten zu lassen.

Goethe hat diese Aufgabe auf sich genommen. Es war ihm die Aufgabe, in der er das Religiöse verstanden haben wollte, und dies in einer Zeit, in der das christlich Religiöse noch von einer ganz anderen Lebendigkeit war als heute. Es war ihm mit dem Begriff der Bildung eng verschwistert. Und tatsächlich war es ja auch immer so, daß das lebendig Religiöse gleichzeitig der Träger humaner Bildung gewesen ist. Bildung in diesem Sinne aber hat auch die Aufgabe, das polyhistorische Wissensgut der jeweiligen Zeit auszuwählen, es unter die Leitung des obersten Wertes zu stellen, es gewissermaßen ethisch fruchtbar zu machen und damit dem Menschen, dem die Bildung übermittelt wird, als das aufzubauen, was er ist, was er sein soll: Persönlichkeit. Und wieder ist es ein Zeugnis für das vorausschauende Genie Goethes, daß das Religiöse erst noch weiter verblassen mußte, daß hundert Jahre vergehen mußten, ehe die Dichtung das Goethesche Erbe antreten durfte, antreten mußte. Der moderne Roman ist polyhistorisch geworden. Seine Realitätsvokabeln sind die großen Weltbilder der Zeit. Wir haben anfangs von den großen naturalistischen Weltbildern des französischen Romans gesprochen, von dem großen psychischen Weltbild Dostojewskijs. Die Aufgabe des Goetheisch-polyhistorischen Romans ist noch weiter gefaßt, und die Ansätze zur Erfüllung dieser Aufgabe sind allenthalben zu sehen. Ich habe bereits mehrfach Musil genannt. Ich muß in gleicher Weise Thomas und Heinrich Mann nennen, ich muß auf André Gide verweisen. Sicherlich kann vieles im modernen Roman nicht mehr als Goetheisch bezeichnet werden. Goetheisch ist bloß die Struktur und die Aufgabe. Die Ausdrucksmittel sind mannigfaltig, und sie liegen auf den verschiedensten Ebenen. Und manchmal ist es bloß eine Erweiterung des alten naturalistischen Romans durch neue Techniken wie etwa bei den Kontinentsquerschnitten Dos Passos'. Aber so weit sich auch manche dieser Versuche von der geistigen Sphäre entfernen mögen, die die Sphäre Goethes war, oder von einer Haltung, wie sie von Thomas Mann angestrebt wird, es ist für alle diese Bemühungen ein gemeinsames Ziel sichtbar, und dieses ist nicht mehr und nicht weniger als das neue Wertziel des Romans, auch dieses wie jedes Wertziel im Unendlichen liegend. Und wenn es auch durch den Namen Goethes gekennzeichnet ist, so braucht der Weg, der zu ihm führt, kein Goetheischer zu sein, – jedes Genie, das ihm nahekommt, ist in einem tieferen Sinne Goetheisch: denken Sie an den, der die neue dichterische Aufgabe am umfassendsten und am tiefsten begriffen hat, – ich meine James Joyce.

Und gerade an James Joyce erweist es sich aufs neue, daß es eine Traumwelt ist, eine Wunschwelt, die zur Aufgabe des Dichterischen gesetzt ist. Das unendliche, niemals erreichte Ziel der Wissenschaft, ein Totalitätsbild der Erkenntnis zu gewinnen, der unendliche, in der Realität niemals erfüllte Wunsch der Einzelwertsysteme, zur Absolutheit zu gelangen und eine Vereinigung zwischen allen rationalen und irrationalen Elementen des Lebens zu erzielen, das findet in der Kosmogonie und der einheitstiftenden Syntax des Dichterischen zwar keine reale, wohl aber eine symbolhafte Erfüllung. Die Einheit des Kunstwerks ist herausgehoben aus dem unendlichen Fluß des Geschehens, und weil es in sich geschlossen ist, in solcher Geschlossenheit immer Weltsymbol, und weil es solcherart die künftige große Kosmogonie symbolisch vorausnimmt – immer ist Dichten eine Ungeduld der Erkenntnis –, wird es auch zum Symbol des Schöpferischen. Denn das Schöpferische liegt nicht im Drauf-los-Fabulieren, sondern in der Geschlossenheit und in einer Einheit, die seine ewige Neuheit darstellt, und in der das Irrationale und Dunkle in stets neuer Form zum Lichte aufbricht. [...]

20 HERMANN BROCH: Bemerkungen zum „Tod des Vergil" (ca. 1945)

[...] Das Brochsche Buch ist ein innerer Monolog und demgemäß als ein lyrisches Werk anzusehen. Dies entspricht auch den Absichten des Autors.

Das Lyrische erfaßt die tiefsten seelischen Realitäten. In diesen sind die irrationalen Sphären des Gefühls und die rationalen des klarsten Verstandes gleichrangig eingeschlossen, und es gehört zu den besonderen Leistungen dieses Buches, daß es das unaufhörliche Wechselspiel zwischen dem Rationalen und dem Irrationalen in jedem Augenblick aufdeckt, d. h. in jedem Lebensaugenblick des Helden, wie in jedem Satz des Buches.

Es geht also hier um die Einheit von Rationalität und Irrationalität, deren – scheinbare – Gegensätzlichkeit sich eben in der tieferen seelischen Realität auflöst. Es ist jene Einheit, von der jedes Menschenleben bestimmt ist: wer sein Leben überschaut, der sieht es als ungebrochene Einheit trotz aller scheinbar unauflösbaren Gegensätze, von denen es erfüllt gewesen ist.

Das Lyrische und nur das Lyrische vermag diese Einheit der antinomischen Gegensätze herzustellen. Und um dieses Zieles willen hat das Brochsche Werk ein Gedicht werden müssen. Denn die Lebenseinheit, um die es sich hier handelt, ist die nämliche wie die Einheit des Gedichtes, das kraft seines innersten Gesetzes, seiner „innersten Realität", auch die kontradiktorischsten Inhalte zu einer Ganzheit macht: in jedem echten Gedicht gibt es etwas Unausgesprochenes und Unaussprechbares, die Spannung zwischen den Worten und Zeilen, kurzum einen „Ausdruck des Zwischenraumes", und von diesem wird die eigentliche Einheit hergestellt, in ihm lösen sich die scheinbar unauflöslichen Gegensätze, in ihm wird das Gedicht zur Wahrheit und zur Erkenntnis.

Der Brochsche innere Monolog ist also nicht mit dem von Joyce zu vergleichen, da dieser pointillistisch die Gegensätze nebeneinander stellt; er hat aber auch nichts mit der Proustschen Gedächtnismethode zu schaffen, noch viel weniger mit Bemühungen Thomas Manns, die in ähnlicher Richtung gehen. Nein, hier ist etwas durchaus Neues versucht, etwas, das man einen lyrischen Selbstkommentar nennen könnte: beginnend mit der äußersten Realitätsebene wird Schicht um Schicht tiefer gegangen, wobei jede Schicht den Inhalt der vorigen als Material, als lyrisches Material behandelt und nun ihrerseits wieder lyrisch verarbeitet.

Am ehesten wäre diese Methode noch als „musikalische" zu bezeichnen. In die Epik ist bisher bloß das unmusikalischeste aller musikalischen Hilfsmittel, nämlich das Leitmotiv eingedrungen; hingegen ist die Lyrik – ihrem Wesen gemäß – seit jeher stark von musikalischen Elementen durchsetzt gewesen, und gerade dies bildet den Grundstock der Brochschen Darstellungsweise: nimmt man dieses 550 Seiten starke Buch als ein einziges Gedicht, so sieht man, daß es musikalisch „durchkomponiert" ist, daß die Methode des „lyrischen Kommentars" eben nichts anderes ist als die der musikalischen Motiv-Variation (welche ja auch zu immer tieferen Ausdrucksmöglichkeiten strebt); und man wird schließlich finden, daß das ganze Buch durchaus nach den Prinzipien eines Quartettsatzes oder, vielleicht noch richtiger, nach denen einer Symphonie gebaut ist – sogar die an sich völlig natürliche Vierteilung spricht hiefür.

Dank dieser Musikalität scheint hier eines der schwersten Probleme der Epik, nämlich das der Simultaneität, einer neuen Lösung zugeführt worden zu sein: alle epische Darstellung hat sich mit der Frage der Simultaneität auseinanderzusetzen, d. h. sie muß Situationen eines einzigen Augenblickes in zeitlicher Aufeinanderfolge darstellen und trotzdem die Augenblicksimpression festhalten; auch die Musik hat auf ihre Weise mit diesem Problem zu schaffen; ja es ist sogar eines ihrer Hauptprobleme, denn selbst die längste Symphonie muß dem Hörer ein Einheitserlebnis geben, sie ist geradezu um dieses Einheitserlebnisses, um dieser wahrhaften Zeitaufhebung willen konstruiert. Indem nun Broch dieses musikalische Grundprinzip konsequent durchführt, gelingt es ihm, auch für die epische Darstellung einen neuen Zugang zum Simultaneitätsproblem zu finden. Die Einheit des Gesamtlebens, einschließend die Vergangenheit und sogar die Zukunft, in einem einzigen Gegenwartspunkt – die Gedächtnis- und Prophezeiungs-Einheit, wenn man sie so nennen darf – ist wohl noch nie so deutlich gemacht worden wie in diesem Buch.
[...]

21 HERMANN BROCH: Entstehungsbericht der „Schuldlosen"
(1950)

[...] Die Romanform – sogar die jener erzählerischen Amüsierinstrumente, die ohne besondere Kunstambition angefertigt werden – hat sich in den letzten Jahren einschneidend gewandelt: wie jede Kunst hat auch der Roman eine Welttotalität darzustellen, er im besondern die Lebenstotalität der von ihm vorgeführten Personen, und das ist eine Forderung, die mit zunehmend zerrissener und komplizierter werdender Welt zunehmend schwieriger zu erfüllen ist; der Roman braucht heute eine viel größere Materialbreite als ehedem, zugleich aber auch zu ihrer Bewältigung eine viel schärfere Abstraktion und Organisierung. Der alte Roman deckte Partialgebiete; er war Bildungs-, war Sozial-, war Seelenroman und zu seinen großen Leistungen ist zu zählen, daß er in diesen Partialgebieten vielfach Vorläufer der Wissenschaft, besonders der psychologischen gewesen ist. Heute, in einer Zeit ausgesprochener Radikalität, gibt es keine belletristische Pseudowissenschaftlichkeit mehr, und die vom Roman vermittelten Erkenntnisse dieser Art sind bestenfalls popularisierende Platitüden. Dagegen vermag die Wissenschaft keine Totalitäten zu liefern, vielmehr muß sie eben das der Kunst, also auch dem Roman überlassen. Die Totalitätsforderung an die Kunst hat hiedurch eine früher ungeahnte Radikalität gewonnen, und um ihr zu genügen, benötigt der Roman eine Vielschichtigkeit, zu deren Etablierung die alte naturalistische Technik sicherlich nicht ausreicht: der Mensch in seiner Ganzheit soll dargestellt werden, die ganze Skala seiner Erlebnismöglichkeiten, angefangen von den physischen und gefühlsmäßigen bis hinauf zu den moralischen und metaphysischen, und damit wird unmittelbar ans Lyrische appelliert, da nur dieses die hiefür nötige Prägnanz aufzubringen imstande ist. Und dies ist auch einer der Gründe, die hier zur Einschaltung der lyrischen „Stimmen" geführt haben, um so mehr als Novellen an sich keine Lebenstotalitäten, sondern Situationstotalitäten geben, sich auch nicht durch Addition darin ändern, wohl aber ihren weiteren Sinn zu enthüllen vermögen, wenn sie in ein rein lyrisches Medium, dem solche Sinngebung aufgetragen wird, eingebettet werden, wie dies eben hier geschehen ist. Soferne das geglückt ist, darf die damit erzielte Totalitätsdarstellung wohl als Roman bezeichnet werden. [...]

22 WALTER BENJAMIN: Der Erzähler. Betrachtungen zum Werk Nikolai Lesskows (1936)

[...] Das früheste Anzeichen eines Prozesses, an dessen Abschluß der Niedergang der Erzählung steht, ist das Aufkommen des Romans zu Beginn der Neuzeit. Was den Roman von der Erzählung (und vom Epischen im engeren Sinne) trennt, ist sein wesentliches Angewiesensein auf das Buch. Die Ausbreitung des Romans wird erst mit Erfindung der Buchdruckerkunst möglich.

Das mündlich Tradierbare, das Gut der Epik, ist von anderer Beschaffenheit als das, was den Bestand des Romans ausmacht. Es hebt den Roman gegen alle übrigen Formen der Prosadichtung – Märchen, Sage, ja selbst Novelle – ab, daß er aus mündlicher Tradition weder kommt noch in sie eingeht. Vor allem aber gegen das Erzählen. Der Erzähler nimmt, was er erzählt, aus der Erfahrung; aus der eigenen oder berichteten. Und er macht es wiederum zur Erfahrung derer, die seiner Geschichte zuhören. Der Romancier hat sich abgeschieden. Die Geburtskammer des Romans ist das Individuum in seiner Einsamkeit, das sich über seine wichtigsten Anliegen nicht mehr exemplarisch auszusprechen vermag, selbst unberaten ist und keinen Rat geben kann. Einen Roman schreiben, heißt, in der Darstellung des menschlichen Lebens das Inkommensurable auf die Spitze treiben. Mitten in der Fülle des Lebens und durch die Darstellung dieser Fülle bekundet der Roman die tiefe Ratlosigkeit des Lebenden. Das erste große Buch der Gattung, der Don Quichotte, lehrt sogleich, wie die Seelengröße, die Kühnheit, die Hilfsbereitschaft eines der Edelsten – eben des Don Quichotte – von Rat gänzlich verlassen sind und nicht den kleinsten Funken Weisheit enthalten. Wenn im Laufe der Jahrhunderte hin und wieder – am nachhaltigsten vielleicht in „Wilhelm Meisters Wanderjahre" – versucht wurde, dem Roman Unterweisungen einzusenken, so laufen diese Versuche immer auf eine Abwandlung der Romanform selber hinaus. Der Bildungsroman dagegen weicht von der Grundstruktur des Romans in gar keiner Weise ab. Indem er den gesellschaftlichen Lebensprozeß in der Entwicklung einer Person integriert, läßt er den ihn bestimmenden Ordnungen die denkbar brüchigste Rechtfertigung angedeihen. Ihre Legitimierung steht windschief zu ihrer Wirklichkeit. Das Unzulängliche wird gerade im Bildungsroman Ereignis.

Man muß sich die Umwandlung von epischen Formen in Rhythmen vollzogen denken, die sich denen der Verwandlung vergleichen lassen, die im Laufe der Jahrhunderttausende die Erdoberfläche erlitten hat. Schwerlich haben sich Formen menschlicher Mitteilung langsamer ausgebildet, langsamer verloren. Der Roman, dessen Anfänge in das Altertum zurückgreifen, hat Hunderte von Jahren gebraucht, ehe er im werdenden Bürgertum auf die Elemente stieß, die ihm zu seiner Blüte taugten. Mit dem Auftreten dieser Elemente begann sodann die Erzählung ganz langsam in das Archaische zurückzutreten; sie bemächtigte sich zwar vielfach des neuen Inhalts, wurde aber nicht eigentlich von ihm bestimmt. Auf der anderen Seite erkennen wir, wie mit der durchgebildeten Herrschaft des Bürgertums zu deren wichtigsten Instrumenten im Hochkapitalismus die Presse gehört, eine Form der Mitteilung auf den Plan tritt, die, soweit ihr Ursprung auch zurückliegen mag, die epische Form nie vordem auf bestimmende Weise beeinflußt hat. Nun aber tut sie das. Und es zeigt sich, daß sie der Erzählung nicht weniger fremd, aber viel bedrohlicher als der Roman gegenübertritt, den sie übrigens ihrerseits einer Krise zuführt. Diese neue Form der Mitteilung ist die Information. [...]

„Niemand", sagt Pascal, „stirbt so arm, daß er nicht irgend etwas hinterläßt." Gewiß auch an Erinnerungen – nur daß diese nicht immer einen Erben finden. Der Romancier tritt diese Hinterlassenschaft an, und selten ohne tiefe Melancholie. Denn wie es in einem Roman von Arnold Bennett der Toten nachgesagt wird – „sie hatte überhaupt nichts vom wirklichen Leben gehabt" –, so pflegt es um die Summe aus der Hinterlassenschaft bestellt zu sein, die der Romancier antritt. Über diese Seite der Sache verdanken wir den wichtigsten Aufschluß Georg Lukács, der im Roman „die Form der transzendentalen Heimatlosigkeit" gesehen hat. Zugleich ist der Roman, nach Lukács, die einzige Form, die die Zeit in die Reihe ihrer konstitutiven Prinzipien aufnimmt.

„Die Zeit", heißt es in der „Theorie des Romans", „kann erst dann konstitutiv werden, wenn die Verbundenheit mit der transzendentalen Heimat aufgehört hat. Nur im Roman trennen sich Sinn und Leben und damit das Wesenhafte und das Zeitliche; man kann fast sagen, die ganze innere Handlung des Romans ist nichts als ein Kampf gegen die Macht der Zeit ... Und aus diesem ... entsteigen die episch echtgeborenen Zeiterlebnisse: die Hoffnung und die Erinnerung ... Nur in dem Roman ... kommt eine schöpferische, den Gegenstand treffende und ihn umwandelnde Erinnerung vor ... Die Dualität von Innerlichkeit und Außenwelt kann hier für das Subjekt ‚nur' aufgehoben werden, wenn es die ... Einheit seines ganzen Lebens ... aus dem in der Erinnerung zusammengedrängten, vergangenen Lebensstrome erblickt ... Die Einsicht, die diese Einheit erfaßt, ... wird das ahnend-intuitive Erfassen des unerreichten und daher unaussprechlichen Lebenssinnes."

Der „Sinn des Lebens" ist in der Tat die Mitte, um welche sich der Roman bewegt. Die Frage nach ihm ist aber nichts anderes als der eingängliche Ausdruck der Ratlosigkeit, mit der sich sein Leser in eben dieses geschriebene Leben hineingestellt sieht. Hie „Sinn des Lebens" – da „Moral von der Geschichte": mit diesen Losungen stehen Roman und Erzählung einander gegenüber, und an ihnen läßt sich der gänzlich verschiedene geschichtliche Standindex dieser Kunstformen ablesen. – Wenn das früheste vollkommene Muster des Romans der Don Quichotte ist, so ist sein spätestes vielleicht die „Education sentimentale".

In den letzten Worten dieses Romans hat der Sinn, der dem bürgerlichen Zeitalter zu Beginn seines Niedergangs in seinem Tun und Lassen begegnete, sich wie Hefe im Lebensbecher niedergeschlagen. Frédéric und Deslauriers, die Jugendfreunde, denken an ihre Jugendfreundschaft zurück. Da gab es eine kleine Geschichte: wie sie eines Tages verstohlen und bang sich im öffentlichen Hause ihrer Heimatstadt präsentierten, nichts verrichtend als der patronne einen Blumenstrauß darzubringen, den sie bei sich im Garten gepflückt hatten. „Von dieser Geschichte war noch drei Jahre später die Rede. Und nun erzählten sie sie weitläufig einander, jeder des anderen Erinnerungen ergänzend. ‚Das war vielleicht', sagte Frédéric, als sie fertig waren, ‚das Schönste in unserm Leben'. ‚Ja, du kannst recht haben', sagte Deslaurier, ‚das war vielleicht das Schönste in unserm Leben.'"

Mit solcher Erkenntnis steht der Roman am Ende, das ihm in strengerem Sinne als irgendeiner Erzählung eignet. In der Tat gibt es keine Erzählung, an der die Frage: Wie ging es weiter? ihr Recht verlöre. Der Roman dagegen kann nicht erhoffen, den kleinsten Schritt über jene Grenze hinaus zu tun, an der er den Leser, den Lebenssinn ahnend sich zu vergegenwärtigen, dadurch einlädt, daß er ein „Finis" unter die Seiten schreibt.

Wer einer Geschichte zuhört, der ist in der Gesellschaft des Erzählers; selbst wer liest, hat an dieser Gesellschaft teil. Der

Leser eines Romans ist aber einsam. Er ist es mehr als jeder andere Leser. (Denn selbst wer ein Gedicht liest, ist bereit, den Worten, für den Hörenden, Stimme zu leihen.) In dieser seiner Einsamkeit bemächtigt der Leser des Romans sich seines Stoffes eifersüchtiger als jeder andere. Er ist bereit, ihn restlos sich zu eigen zu machen, ihn gewissermaßen zu verschlingen. Ja, er vernichtet, er verschlingt den Stoff wie Feuer Scheiter im Kamin. Die Spannung, welche den Roman durchzieht, gleicht sehr dem Luftzug, der die Flamme im Kamin ermuntert und ihr Spiel belebt.

Es ist ein trockenes Material, an welchem sich das brennende Interesse des Lesers nährt. – Was heißt das? „Ein Mann der mit fünfunddreißig Jahren stirbt", hat Moritz Heimann einmal gesagt, „ist an jedem Punkt seines Lebens ein Mann, der mit fünfunddreißig Jahren stirbt." Nichts ist zweifelhafter als dieser Satz. Aber dies einzig und allein, weil er sich im Tempus vergreift. Ein Mann, so heißt die Wahrheit, die hier gemeint war, der mit fünfunddreißig Jahren gestorben ist, wird *dem Eingedenken* an jedem Punkte eines Lebens als ein Mann erscheinen, der mit fünfunddreißig Jahren stirbt. Mit anderen Worten: der Satz, der für das wirkliche Leben keinen Sinn gibt, wird für das erinnerte unanfechtbar. Man kann das Wesen der Romanfigur besser nicht darstellen, als es in ihm geschieht. Er sagt, daß sich der „Sinn" von ihrem Leben nur erst von ihrem Tode her erschließt. Nun aber sucht der Leser des Romans wirklich Menschen, an denen er den „Sinn des Lebens" abliest. Er muß daher, so oder so, im voraus gewiß sein, daß er ihren Tod miterlebt. Zur Not den übertragenen: das Ende des Romans. Doch besser den eigentlichen. Wie geben sie ihm zu erkennen, daß der Tod schon auf sie wartet, und ein ganz bestimmter, und das an einer ganz bestimmten Stelle? Das ist die Frage, welche das verzehrende Interesse des Lesers am Romangeschehen nährt.

Nicht darum also ist der Roman bedeutend, weil er, etwa lehrreich, ein fremdes Schicksal uns darstellt, sondern weil dieses fremde Schicksal kraft der Flamme, von der es verzehrt wird, die Wärme an uns abgibt, die wir aus unserem eigenen nie gewinnen. Das was den Leser zum Roman zieht, ist die Hoffnung, sein fröstelndes Leben an einem Tod, von dem er liest, zu wärmen. […]

23 BERTOLT BRECHT: Über den formalistischen Charakter der Realismustheorie (ca. 1938)

Der formalistische Charakter der *Realismustheorie* zeigt sich auch darin, daß sie sich nicht nur einzig auf der Form weniger bürgerlicher Romane des vorigen Jahrhunderts aufbaut (neuere Romane werden nur herangezogen, soweit sie diese Form zeigen), sondern auch nur auf einer bestimmten Form des *Romans*. Was ist es mit dem Realismus in der Lyrik, was mit ihm in der Dramatik? Das sind zwei Gattungen der Dichtung, die besonders in Deutschland einen hohen Standard aufweisen.

Ich fahre fort mit Persönlichem, um konkretes Material zu liefern. Meine Tätigkeit ist, wie ich mir vorstelle, vielseitiger als es unsere Realismustheoretiker glauben. Sie beliefern mich ganz einseitig. Gegenwärtig arbeite ich an zwei Romanen, einem Stück und einer Gedichtsammlung. Einer der Romane ist ein historischer, er benötigt umfangreiche Studien, die römische Geschichte betreffend. Er ist satirisch. Nun ist der Roman die Domäne unserer Theoretiker. Aber es ist nicht Bosheit, wenn ich sage, daß ich für meine Arbeit an diesem Roman „Die Geschäfte des Herrn Julius Cäsar" von ihnen nicht den allergeringsten Fingerzeig bekommen kann. Für jene vom bürgerlichen Roman des vorigen Jahrhunderts dem Drama entlehnte Anballung von allerhand Konflikten persönlicher Art in langen, breit ausgemalten Szenen mit Interieur habe ich gar keine Verwendung. Ich benütze die Tagebuchform für große Teile. Es hat sich als nötig herausgestellt, daß ich für andere Teile den point of view wechseln muß. Meinen eigenen Standpunkt nehme ich ein in der Montage der beiden fiktiven Schreiberstandpunkte. Ich vermute, daß sich so etwas nicht als nötig hätte herausstellen dürfen? Irgendwie fällt es aus dem Schema, das vorgesehen ist. Als nötig hat sich jedoch diese Technik herausgestellt für eine gute Erfassung der Wirklichkeit, ich hatte rein realistische Motive. Das Stück ist ein Szenenzyklus, der das Leben unter der braunen Diktatur behandelt. Bisher montierte ich 27 Einzelszenen. Auf einige von ihnen paßt das „realistische" Schema X entfernt, wenn man ein Auge zudrückt. Auf andere nicht, lächerlicherweise schon nicht, weil sie ganz kurz sind. Auf das Ganze paßt es überhaupt nicht. Ich halte es für ein realistisches Stück. Aus den Tafeln des Bauern-Breughel habe ich mehr herausgeholt dafür als aus den Abhandlungen über Realismus. Über den zweiten Roman, an dem ich schon lange arbeite, wage ich kaum zu sprechen, so kompliziert sind da die Probleme und so primitiv ist da das Vokabular, das mir die Ästhetik des Realismus, wie sie jetzt ist, liefert. Die formalen Schwierigkeiten sind außerordentlich, ich habe ständig Modelle zu bauen; wer mich bei dieser Arbeit sähe, würde mich für nur an Formfragen interessiert halten. Ich mache diese Modelle, weil ich die Wirklichkeit darstellen möchte. Was Lyrik betrifft, so gibt es ebenfalls in ihr einen realistischen Standpunkt. Ich fühle aber, daß man ganz außerordentlich vorsichtig vorgehen müßte, wenn man darüber schreiben wollte. Andrerseits gewönne man viel Aufschluß über Realismus in Roman und Dramatik. [...]

24 BERTOLT BRECHT: Übergang vom bürgerlichen zum sozialistischen Realismus (ca. 1940)

Der bürgerliche realistische Roman, dessen Studium gegenwärtig den sozialistischen Schriftstellern empfohlen wird, enthält viel, was gelernt werden muß. Wir finden in ihm eine Technik, welche die Darstellung komplizierter gesellschaftlicher Prozesse gestattet. Die differenzierte („reiche") Psyche des bürgerlichen Menschen kann vermittels dieser Technik bewältigt werden. Der Verzicht dieser Schriftsteller auf allzuviel Meinung zugunsten einer möglichst breiten *Ausstellung großer Stoffmassen* vermittelt dem Leser ziemlich reiche Bilder einer Epoche. Es ist ein Verzicht auf bürgerliche Meinung. Natürlich sind die Bilder keineswegs komplett, und natürlich bleibt der bürgerliche Gesichtspunkt im allgemeinen gewahrt. Man kann das so ausdrücken: Die Darstellung gestattet auch kaum die Bildung einer unbürgerlichen, das heißt antibürgerlichen Meinung. Hier liegt einer der Gründe, warum es für die sozialistischen Schriftsteller so schwierig ist, Technisches von den bürgerlichen Realisten zu übernehmen. Technik ist ja nichts „Äußerliches", von der Tendenz weg zu Transportierendes. Der sozialistische Schriftsteller ist nicht ohne weiteres geneigt, seinem Leser die Stoffmassen als Rohstoff für Abstraktionen beliebiger Art zu überlassen. Dem sozialistischen Schriftsteller mag der Sozialismus noch so sehr „in Fleisch und Blut übergegangen sein", die Grenzen, welche die bürgerliche Produktionsweise (nicht nur die literarische) dem bürgerlichen Schriftsteller setzt, mögen für ihn „wegfallen", sein politisches Bewußtsein bleibt dennoch viel wacher, die Welt bleibt ihm viel mehr in stürmischer Entwicklung begriffen, er plant viel mehr, da ja mit dem Sozialismus eben die Planung in die Produktionsweise gekommen ist. Eine sorgfältige Kritik des bürgerlichen Realismus ergibt, daß diese Schreibweise in entscheidenden Punkten für den sozialistischen Schriftsteller versagt. Die ganze Einfühlungstechnik des bürgerlichen Romans kommt in eine tödliche Krise. Das Individuum, in das die Einfühlung zustande gebracht wird, hat sich verändert. Je klarer es verstanden wird, daß das Schicksal des Menschen der Mensch ist, und je klarer der Klassenkampf als den Kausalnexus beherrschend erkannt ist, desto gründlicher versagt die alte bürgerliche Einfühlungstechnik. Sie zeigt sich immer mehr als eine historisch bedingte Technik, so laut sie auch schreien mag, ohne sie sei Kunst und Kunsterlebnis überhaupt unmöglich. Wir behalten natürlich die Aufgabe der Darstellung komplizierter gesellschaftlicher Prozesse; die Einfühlung in ein Mittelpunktsindividuum ist ja eben dadurch in die Krise geraten, daß sie diese Darstellung lähmte. Es handelt sich nicht nur mehr darum, daß man genug reale Motive für die seelischen Bewegungen der Menschen im Roman geliefert bekommt, die Welt erscheint uns schon unzulänglich reproduziert, wenn sie nur im Spiegel der Gemütsempfindungen und Reflexionen von Helden erscheint. Der gesamte soziale Kausalkomplex läßt sich nicht mehr als bloßer Anreger seelischer Erlebnisse benutzen. Damit ist der Darstellung psychischer Prozesse, überhaupt der Darstellung von Individuen keineswegs der Wert abgesprochen, und seelische Erlebnisse der Leser bleiben natürlich bestehen. Es geht hier wieder so: Die alte Technik ist eben dadurch in die Krise geraten, daß sie eine befriedigende Gestaltung der Individuen im Klassenkampf nicht gestattete, und dadurch, daß die seelischen Erlebnisse den Leser nicht in den Klassenkampf stellen, sondern aus ihm herausführen. Der Übergang vom bürgerlichen realistischen Roman zum sozialistischen realistischen

Roman ist keine rein technische und keine formale Frage, obgleich er die Technik ganz außerordentlich verwandeln muß. Es kann nicht einfach eine Darstellungsweise in toto unberührt bleiben (als „die" realistische) und nur etwa der bürgerliche mit dem sozialistischen (das heißt proletarischen) Standpunkt ausgetauscht werden. Es genügt nicht, die Einfühlung in den Proletarier zu veranstalten, statt in den Bürger: Die gesamte Einfühlungstechnik ist fragwürdig geworden (prinzipiell ist ein bürgerlicher Roman mit Einfühlung in einen Proletarier durchaus denkbar). Das Studium des bürgerlichen realistischen Romans ist sehr wertvoll – wenn die erwähnten schwierigen Untersuchungen angestellt werden.

25 GOTTFRIED BENN: Brief an Friedrich Wilhelm Oelze vom 3. 5. 1944

[...] Es ist eine Prosasache freier Art. Der Name ist verblüffend: „Roman des Phänotyp". Sie können sich nichts dabei denken, mit Recht, u. darum setze ich das zu Anfang auseinander. Es ist natürlich kein Roman in irgendeinem schon bekannten Sinne. Es hat mit Liebe garnichts zu tun. Es ist ein Roman nach Innen, der Roman der tatsächlichen inneren Schichten in uns, aber dies nicht analytisch, sondern ausgedrückt, real vorhanden, wobei natürlich Inhalt und Form schon wieder identisch ist, ja das ist eigentlich das ganze Problem: daß es Inhalt nicht giebt, nur Ausdruck u. Form, bzw. nur Inhalt als Ausdruck u. Form. Aber, wie gesagt, es ist in keiner Weise theoretisch, vielmehr von äußerster Realistik, nämlich seelischer Tatsächlichkeit: nur so kann der heutige Typ, eben der Phänotyp, sein u. sich ausdrücken. Ich brauch Ihnen nicht zu erwähnen, daß, wenn auch nur der leiseste Eindruck des von mir Gemeinten in einigen zu Erkenntnis wird, eine gewisse Unterlagenentziehung für Vorhergehendes eintreten müßte, dann gibt es keine psychologischen Romane usw. mehr. [...] Bedenken Sie: eine Art Roman (ohne Handlung) und vor allem ohne tragende Figur, er geht ja davon aus, daß es individuelle Züge nicht mehr giebt, warum also durch Gestalten etwas ausdrücken, wenn gerade die Gestalt abhanden gekommen ist? Das ist die technische Schwierigkeit. Das Hilfsmittel dagegen ist der neue Begriff: existentiell, den ich groß herausstelle. Sie sehen: höchst problematisch alles, eine Bezirksbombe an Abwegigkeiten u. Excentric.

26 GOTTFRIED BENN: Doppelleben (1950)

[...]

Absolute Prosa

Der „Roman des Phänotyp" (in meinem Buch „Der Ptolemäer", 1949) ist reichlich unverständlich, ganz besonders dadurch, daß ich ihn als Roman bezeichne. Eine Folge von sachlich und psychologisch nicht verbundenen Suiten – jeder mit einer Überschrift versehene Abschnitt steht für sich. Wenn diese Arbeit ein Problem bietet, ist es das Problem der absoluten Prosa. Einer Prosa außerhalb von Raum und Zeit, ins Imaginäre gebaut, ins Momentane, Flächige gelegt, ihr Gegenspiel ist Psychologie und Evolution.

Ich habe diesem Thema der absoluten Prosa manche Studie in meinen Essays gewidmet. Ich fand die ersten Spuren bei Pascal, der von Schönheit schaffen spricht durch Abstand, Rhythmus und Tonfall, „durch Wiederkehr von Vokal und Konsonant" – „die Schwingungszahl der Schönheit", sagt er und: „Vollkommenheit durch die Anordnung von Worten." Dann wurde diese Lage durch Flaubert berühmt, den der Anblick einiger Säulen der Akropolis ahnen ließ, „was mit der Anordnung von Sätzen, Worten, Vokalen an unvergänglicher Schönheit erreichbar wäre", in Wahrheit nämlich glaubte er nicht, daß es in der Kunst ein Äußeres gibt. Aus der modernen Literatur nenne ich Carl Einstein mit seinem Roman „Bebuquin" (1912) und Gide mit „Paludes". Ihnen schwebte offenbar etwas Ähnliches vor: die Möglichkeit nämlich von geordneten Worten und Sätzen als Kunst, als Kunst an sich.

Betrachten wir nun meine Arbeit. Der Roman ist – ich bitte den jetzt folgenden Ausdruck zu beachten – *orangenförmig* gebaut. Eine Orange besteht aus zahlreichen Sektoren, den einzelnen Fruchtteilen, den Schnitten, alle gleich, alle nebeneinander, gleichwertig, die eine Schnitte enthält vielleicht einige Kerne

mehr, die andere weniger, aber sie alle tendieren nicht in die
Weite, in den Raum, sie tendieren in die Mitte, nach der weißen
zähen Wurzel, die wir beim Auseinandernehmen aus der Frucht
entfernen. Diese zähe Wurzel ist der Phänotyp, der Existentielle,
nichts wie er, nur er, einen weiteren Zusammenhang der Teile
gibt es nicht. [...]

27 Heinrich Mann: Ein Zeitalter wird besichtigt (1947)

[...] Angesichts eines Stückes von Gerhart Hauptmann bemerkte
der große Maler Max Liebermann: „Wie das arbeitet!" „Es",
nicht „er", schien zu arbeiten. Dies ist der Ruhm des Dramas.

Ein Roman, dem keine Mache mehr angemerkt wird, ist im
Gegenteil der Triumph persönlicher Arbeit. Eine Gattung, die
beschreibende Teile verbindet mit erzählenden und redende mit
handelnden, zu schweigen von der Schaubarkeit der Welt, die aus
dem allen wird, und von den Klängen der Sprache, himmlischen
oder armen: wahrhaftig, der Roman, wie das große 19. Jahrhundert
ihn hinterlassen hat, ist das erreichte Gesamtkunstwerk,
oder es gäbe keins.

Flaubert, während seiner kurzen Beschäftigung mit dem
Theater: „Es amüsiert mich großartig." Zola, bei derselben Gelegenheit:
„In diesem Augenblick erhole ich mich, ich schreibe eine
komische Sache in drei Akten." Vielleicht verrät dies nur, daß die
Romanciers leichtsinnig werden, wenn sie Stücke machen? Nicht
ich, trotz des genossenen Vergnügens. Nur dachte ich mir das
meine, wenn das Drama über den Roman gestellt wurde: was
in dem nunmehr auseinandergestobenen Deutschland die Übung
war.

In Wahrheit gibt es keine Rangfolge der Gattungen. Wo die
Willkür einmal angefangen hat, muß auch das Drama nicht ganz
oben stehen [...]

Die Deutschen sollten sich und anderen zum Verhängnis werden,
weil sie nachgerade nichts mehr begriffen und sonst kein
Ziel kannten als einzig äußere Macht. Darüber mußte ihnen einiges
Wissenswerte entgehen: daß die Romane wohl schweigen,
aber daß von aller Literatur allein die großen Romane in die
Tiefe des wirklichen Lebens gedrungen sind, ja, die Welt ver-

ändert haben. Den Tatbestand erweist die russische Revolution: sie folgt auf ein Jahrhundert großer Romane, alle revolutionär wie nur die Wahrheit. [...]

28 FRANK THIESS: Zum Gestaltwandel des Romans (1950)

[...] Daß uns heute die reine Erzählung, die sich im Rahmen eines kontinuierlichen Fabelablaufs bewegt, nicht mehr recht genügen kann, beruht auf einem berechtigten Mißtrauen gegenüber dem Prädominieren der Fabel, auf die es letztlich niemals ankommt. Anderseits hat dieses Mißtrauen zu einer Flucht vor der Fabel geführt, die den Charakter des Romans in ein Gemisch aus Lyrik, Essay und realistischen Situationen auflöst, das die Bildung eines geschlossenen Kompositionsstils verhindert. Ich glaube, daß über kurz oder lang eine Rückkehr zu gewissen Prinzipien des Romans unvermeidlich sein wird.

Daß der Roman nur dann als Kunstwerk Gültigkeit hat, wenn er mehr ist als ein „Roman", dürfte nicht bestritten werden. Dieses „Mehr-als-Roman" läßt sich aber auf verschiedenen Wegen erreichen, und es bedarf dazu nicht unbedingt seiner formalen Auflösung. In seinen „Mysterien", um ein Beispiel aus der Vorkriegszeit zu nennen, gelangt Hamsun durch das oben erwähnte Stilmittel der scheinbaren Überakzentuierung von Nichtigkeiten bei gleichzeitiger Aussparung des „Eigentlichen" zu einer merkwürdig flimmernden Realistik, die dauernd von den Schauern des Hoffnungslosen, des Unerbittlichen und Geheimnisvollen umwittert ist und in einer immer enger werdenden Spirale auf den Tod zustößt. Trotzdem bleibt der Duktus der eigentlichen Romanhandlung erhalten. Ganz anders sind die Stilmittel Dostojewskys. Der Fabel und ihren Trägern weist er eine Bedeutung zu, die wir heute in so extremer Weise kaum noch anerkennen würden und die in der Fabulierlust des 19. Jahrhunderts ihren Ursprung hat. Was man früher unter seiner „Psychologie" verstand, erscheint uns heute nur noch als großartige Blickschärfe, die Wesentliches vom Unwesentlichen untrüglich zu unterscheiden vermochte. Es ist keine „Psychologie" im Sinne des modernen Romans, sie beruht auf dem Wissen um das Unergründliche der menschlichen Seele und die Akausalität ihrer Vorstöße ins Bereich des Sichtbaren. Daher ist das, was Dostojewskys Werke so erregend macht, nicht eigentlich der mit Überraschungen und Effekten geladene Ablauf der Fabel, sondern das Unberechenbare des menschlichen Handelns, sein immer wieder hervorbrechender Trieb zur Selbstzerstörung, der dem Selbsterhaltungstrieb die Waage hält. Selbst ein politischer Roman wie „Die Teufel" ist im Grunde kein auf seine dramatische Fabel gestütztes Werk, sondern eine Kette von seelischen Explosionen, soweit es die eigentlichen Träger der Handlung betrifft; hinter dieser springenden Dynamik ruhen statisch-unbeweglich die Typen einer versinkenden Welt, und diese Gegensätzlichkeit erzeugt ein so farbenreiches Spannungsfeld, daß die Forderung des Romans nach Totalität erfüllt wird; es ist in unrealistischer Zeitraffung von Bestehendem und Kommendem ein Weltbild entstanden.

Ich sagte, der Roman müsse die Problematik seiner Zeit spiegeln, ebensosehr nach der Breite wie nach der Tiefe hin. Das ist in den seltensten Fällen ohne beträchtlichen Umfang möglich, und man sollte sich endlich daran gewöhnen, Romane von bedeutendem spezifischem Gewicht nicht in Kurzfassung zu verlangen. Alle großen Romane der Weltliteratur sind umfangreich, manche umfassen mehrere Bände, und man würde in seltenen Fällen viele Seiten herausstreichen können, ohne ihnen etwas von dem großen Atem zu nehmen, der sie durchweht. Daß es bei Kafkas „Prozeß" nicht der Fall ist, liegt im Fragmentarischen des Werks begründet. Anderseits will ich nicht leugnen, daß dem supranaturalistischen oder surrealistischen Roman Möglichkeiten der Komprimierung eignen, die sich mit seinem Verzicht auf psychologische Einfärbung begründen läßt. Gehe ich naturalistischen Darstellungen aus dem Wege, kann ich es mir leisten, Vorgänge in wenigen Sätzen anzudeuten, die sonst unvermeidlich eine genaue Schilderung verlangen. Aber selbst die schönste Schilderung ist wertlos, wenn sie nur sich selbst feiert. Alles Geschehende muß einem hinter ihm verborgenen Vollzuge dienen, der nicht auf eine Lösung des Konflikts, sondern auf Enthüllung des Sinns hinsteuert. So lassen sich alle wirklich guten Romane schlecht erzählen, dagegen leicht in wenigen Sätzen auf ihren Sinnkern konzentrieren.

Man konnte in den letzten Jahren häufig hören, daß die Zeiten des „Romans" vorüber seien, und ich weiß nicht, was dafür an seine Stelle treten werde. Solche Prognosen sind nichts Neues, sie haben nicht den geringsten Wert. Es ist nicht einzusehen, warum der Roman, nachdem er zweitausend Jahre und länger existiert hat, plötzlich aufhören sollte zu existieren. Auch dem Drama hat man immer wieder den nahen Tod prophezeit, trotzdem lebt es und wird weiter leben. Der Roman entspricht der tief eingewurzelten menschlichen Leidenschaft nach Erweiterung seines eigenen Lebens in der Vorstellung eines ihm nicht zugehörigen, was er nacherlebend ins eigene einbezieht. In Zeiten, da jeder zweite Mensch Unerhörtes durchmachte, welkt noch nicht die Liebe zum Roman, wenn sich die an ihn gestellten Ansprüche erhöhen. Ich sehe in diesen erhöhten Ansprüchen auf Grund kollektiver schwerer Schicksale und Erfahrungen weit eher die Voraussetzung für eine neue Blüte. Freilich wird der Roman gezwungen sein, auf Fragen zu antworten, die früher nicht an den Dichter gestellt wurden. Ich glaube aber, daß er diese Fragen immer wieder nur im Rahmen der seinen künstlerischen Rang bestimmenden Formen beantworten kann und daß diese Formen nicht unbedingt die überlieferten erledigen müssen.

29 ERICH KAHLER: Untergang und Übergang der epischen Kunstform (1953)

[...] In verschiedener Weise, von verschiedenen Seiten bricht die unmittelbare Realität in den „Roman" ein. Vor allem durch das notgedrungene *Einbeziehen technischer, sozialer, wissenschaftlicher Prozesse* in die Erzählung, das Durchführen der Erzählung durch das Detail solcher Prozesse. Die genauen, weitläufigen Studien, die Flaubert für seine Romane gemacht hat, die traurige Farce von „Bouvard et Pécuchet" zeigen schon die Entwicklung an, die in den Experimentalromanen Zolas, zunächst auf Kosten der künstlerischen Bestrebung, weitergeht. In Thomas Manns „Doktor Faustus" sehen wir das Endergebnis: die persönliche Tragödie spielt sich hier ab in minutiös beschriebenen und diskutierten Vorstößen der musikalischen Technik. Die neue Kunst selbst in ihrer tragischen Situation wird zum Protagonisten der Erzählung.

Eine andre Form des Eindringens der Tatsächlichkeit in die

Fiktion ist der Gebrauch der *Montage,* wie sie zum Beispiel von John Dos Passos in „Manhattan Transfer", von Thomas Mann im „Doktor Faustus", von der Langgässer im „Unauslöschlichen Siegel" angewendet wurde: Rohstoffe der Wirklichkeit, Bruchstücke tatsächlichen Geschehens, Reportage, dokumentarisches Material werden unverändert oder kaum verändert der Erzählung eingefügt. Ein Weiteres, Unfiktives, das den „Roman" zersetzt, sind endlich die vielfachen *philosophischen, ja wissenschaftlichen Erörterungen,* die in die neuen epischen Werke eingesprengt erscheinen, nicht nur mutwillig und launig verstreut, wie etwa bei Jean Paul, sondern in kompakter Form als organische Elemente der Erzählung; so schon bei Balzac und Dostojewski, bei Joyce im „Portrait of the Artist", bei Thomas Mann seit dem „Zauberberg", bei Musil im „Mann ohne Eigenschaften", bei Broch: in den dritten Roman seiner „Schlafwandler" ist eine ganze Geschichtstheorie und Erkenntnistheorie eingebaut.

Neben diesen verschiedenen Einbrüchen der unmittelbaren Realität in die Fiktion finden wir ein zweites Moment, das auf die Auflösung des „Romans" hinwirkt, eines das den Fortgang der Erzählung *von innen her* sprengt: das ist die Eröffnung einer neuen Zeitsphäre, Zeitweite und -tiefe, *die Entwicklung, ja die Wucherung einer inneren, subjektiven Zeit, einer Erlebniszeit innerhalb der äußeren Lebenszeit, der Ereigniszeit.* Es ist zunächst eine Relativierung der Zeit, wie sie auch in der Wissenschaft – nicht nur in der Physik, sondern auch in der Biologie und Medizin – aufgekommen ist: seit der berühmten Untersuchung von Lecomte du Noüy über die „Biologische Zeit" mehren sich die biologischen, psychologischen, psychiatrischen Erforschungen der verschiedenen Zeitschichten und Zeitarten. Dieses Aufwuchern einer inneren Erlebniszeit innerhalb der äußeren Lebenszeit, ungeheuer gefördert durch die Psychoanalyse und ihre „freie Assoziation", hat sich von Proust, ja eigentlich schon von den großen Russen an, durch die ganze moderne Epik hin ausgebreitet. (Isolierte Vorläufer, freilich mit ganz anderen Vorzeichen und Absichten, sind Lawrence Sterne und Jean Paul.) Der erste Dichter aber, der, um das Jahr 1900, methodisch und ausdrücklich das innere Erlebnis in allen seinen Verzweigungen und Vertiefungen zum Gegenstand eines Romans gemacht und der den sogenannten *inneren Monolog* eingeführt hat, ist, soweit ich sehe,

Richard Beer-Hofmann in seinem äußerlich gänzlich ereignislosen und daher schon ganz unromanhaften Roman „Der Tod Georgs". Das einzige Geschehnis in diesem Buch, ganz außerhalb stehend, ein bloßer Anlaß, ist der plötzliche Tod eines Freundes in einer Sommerfrische, und dieses Geschehnis entrollt in dem Erzähler, oder besser Erleber, eine unendliche Kette assoziativer Erfahrungen und Erkenntnisse. Zur genau gleichen Zeit, auch um 1900, hat übrigens ein andrer Dichter des Wiener Kreises, Arthur Schnitzler, den inneren Monolog als Kunstmittel der Satire in seinem „Leutnant Gustl" angewendet; freilich ist hier der innere Monolog noch nicht in seine ganze Tiefe entwickelt, er buchtet sich nicht aus in die innere Zeit des Seelengrundes, er ist lediglich der subjektive, spezifische Bewußtseinsspiegel des äußeren Vorgangs[1]. Seither hat sich diese innere Zeit-enklave aber immer reicher ausgebildet: bei Proust, bei Joyce, bei Faulkner, bei Musil, bei Huxley, bei Thomas Mann und besonders bei Hermann Broch, dessen „Tod des Vergil" ein einziger innerer Monolog ist, und nicht nur ein Bewußtseinsmonolog, sondern geradezu ein existentieller Monolog – die sechzehn Stunden, in denen der Mensch Vergil stirbt, entbinden in dem delirierenden Erlebnis des Sterbenden nicht nur die Rechenschaft seines ganzen Lebens, sondern die Umwälzung seiner Welt, seiner Epoche, und darüber hinaus das kosmische Drama vom Sterben der Kreatur überhaupt. Diese sechzehn Stunden sind auf solche Weise der äußeren Zeitrechnung ganz entwachsen, ja sie heben am Ende diese äußere Zeit überhaupt auf. Dahin tendiert die große moderne Epik im ganzen: zu einer Aufhebung oder besser Integrierung der Zeit in einer überzeitlichen, organischen Simultanität. Und dies führt uns endlich zu der *letzten und radikalsten Konsequenz* der hier aufgezeigten Entwicklungsreihe.

Nicht nur wird nämlich der Roman zersetzt durch den Einbruch der unmittelbaren Tatsächlichkeit und durch die Wucherung der Erlebniszeit, des „inneren Monologs", sondern er wird

---

[1] Dieser Monolog der einfachen Bewußtseinsströmung, wie ihn Schnitzler verwendet, hat schon einen Vorläufer im neunzehnten Jahrhundert: Edouard Dujardins „Les lauriers sont coupés", erschienen 1887, ein zerdehnter, langweiliger Versuch zur Karikatur eines selbstgefällig verzärtelten, unschlüssigen Liebhabers. Immerhin hat Joyce sich davon anregen lassen.

als ein ganzer in die überindividuelle, überfiktive Sphäre des *Typologischen*, abstrakt *Modellmäßigen* gehoben. Kurz gesagt, *der Roman verwandelt sich zur Parabel*, zur Beispielsgeschichte, deren Vorgang von vornherein nur das Modell einer spirituellen Erfahrung, wenn nicht gar eine Lehre ist.

Wie ich schon sagte, hat in unserer kollektiven und übertechnisierten Zivilisation das Individuum und der individuelle Vorgang seine repräsentative Bedeutung verloren; alles Individuelle ist heute rein privat. Nicht mehr kann daher eine erfundene individuelle Geschichte das allgemeine, das wesentliche Geschehen unserer Epoche ausdrücken. Das Geschehen ist zu komplex geworden, es ist bevölkert, übervölkert von kollektiven und technischen Prozessen, Verwachsungen gleichsam, in deren Dickicht wir uns orientieren lernen müssen, deren wahre Zusammenhänge der Dichter erforschen und aufhellen muß. Die einfache Symbolschicht, die Repräsentation dieser Zusammenhänge durch individuelle Figuren in der „natürlichen", sinnlichen Lebensgröße unserer Alltäglichkeit, dies genügt nicht mehr, um die Totalität unserer Welt zu erfassen. Deshalb muß der Dichter *synthetische Figuren und Vorgänge schaffen*, überlebensgroße, psychologisch oder im alten Sinne realistisch gar nicht mehr haltbare Figuren – auf dieses im alten Sinne real Psychologische, individuell Psychologische kommt es ihm gar nicht mehr an –, Figuren, die vielerlei Geschehenszüge und Geschehensschichten simultan und modellhaft zusammenfassen können. Daher kommt die besondere Symbolbeladenheit, Symbolüberladenheit der modernen epischen Gebilde, wie der Joyce-Werke, des „Doktor Faustus", des „Tod des Vergil". Die großen Kunstwerke der vorigen Jahrhunderte von Shakespeare bis Stendhal, Balzac und Flaubert haben nur *eine Symbolschicht*. Die Werke des zwanzigsten Jahrhunderts fügen dazu eine Anzahl *weiterer Symbolschichten*. Es entsteht das *mehrschichtige, mehrstöckige Kunstwerk*, in dem das Geschehen auf mehreren Ebenen zugleich spielt. Leopold Bloom und Stephen Daedalus, Adrian Leverkühn und der Brochsche Vergil sind insgesamt synthetische Figuren, von vornherein im Hinblick auf einen vielfältigen Symbolgebrauch, auf eine Zusammenziehung mehrfacher Geschehensschichten und Geschehenszüge konzipiert. In „Finnegans Wake", und übrigens auch in manchen der Thomas Mann-Bücher seit der „Lotte in Weimar", greift die Vielschichtigkeit schon auf die Sprache über.

Immerhin sind in allen diesen Werken die Figuren und Vorgänge, wenn auch mühsam, doch noch im Zusammenhang mit unserer Täglichkeit gehalten. Darüber hinaus aber gehen Werke, die schon von vornherein auf einer abstrakt überhobenen, entrückten, parabolischen Ebene sich bewegen. Die vollendeten dieser Schöpfungen erreichen eine Sphäre, wo – wie in der Zone der sub-atomaren Physik – Zeit und Raum ineinander verschwimmen. [...]

30 THEODOR W. ADORNO: Form und Gehalt des zeitgenössischen Romans (1954)

[...] Etwas erzählen heißt ja: etwas *Besonderes* zu sagen haben, und gerade das wird von der verwalteten Welt, von Standardisierung und Immergleichheit verhindert. Vor jeder inhaltlich ideologischen Aussage ist ideologisch schon der Anspruch des Erzählers, als wäre der Weltlauf wesentlich noch einer der Individuation, als reichte das Individuum mit seinen Regungen und Gefühlen ans Verhängnis noch heran, als vermöchte unmittelbar das Innere des Einzelnen noch etwas: die allverbreitete biographische Schundliteratur ist ein Zersetzungsprodukt der Romanform selber.

Von der Krisis der literarischen Gegenständlichkeit ist die Sphäre der Psychologie, in der gerade jene Produkte sich häuslich, wenngleich mit wenig Glück einrichten, nicht ausgenommen. Auch dem psychologischen Roman werden seine Gegenstände vor der Nase weggeschnappt: mit Recht hat man bemerkt, daß zu einer Zeit, da Journalisten ohne Unterlaß an den psychologischen Errungenschaften Dostojewskys sich berauschten, die Wissenschaft, zumal die Psychoanalyse Freuds, längst jene Funde des Romanciers hinter sich gelassen hatte. Übrigens hat man wohl mit solchem phrasenhaften Lob Dostojewsky verfehlt: soweit es bei ihm überhaupt Psychologie gibt, ist es eine des intelligiblen Charakters, des Wesens, und nicht des empirischen, der Menschen, so wie sie herumlaufen. Und gerade darin ist er fortgeschritten. Nicht nur, daß alles Positive, Greifbare, auch die

Faktizität des Inwendigen von Information und Wissenschaft beschlagnahmt ist, nötigt den Roman, damit zu brechen und der Darstellung des Wesens oder Unwesens sich zu überantworten, sondern auch, daß, je dichter und lückenloser die Oberfläche des gesellschaftlichen Lebensprozesses sich fügt, um so hermetischer diese als Schleier das Wesen verhüllt. *Will der Roman seinem realistischen Erbe treu bleiben und sagen, wie es wirklich ist, so muß er auf einen Realismus verzichten, der, indem er die Fassade reproduziert, nur dieser bei ihrem Täuschungsgeschäfte hilft.* Die Verdinglichung aller Beziehungen zwischen den Individuen, die ihre menschlichen Eigenschaften in Schmieröl für den glatten Ablauf der Maschinerie verwandelt, die universale Entfremdung und Selbstentfremdung, fordert beim Wort gerufen zu werden, und dazu ist der Roman qualifiziert wie wenig andere Kunstformen. Von jeher, sicherlich seit dem achtzehnten Jahrhundert, seit Fieldings Tom Jones, hatte er seinen wahren Gegenstand am Konflikt zwischen den lebendigen Menschen und den versteinerten Verhältnissen. Entfremdung selber wird ihm dabei zum ästhetischen Mittel. Denn je fremder die Menschen, die Einzelnen und die Kollektive, einander geworden sind, desto rätselhafter werden sie einander zugleich, und der Versuch, das Rätsel des äußeren Lebens zu dechiffrieren, der eigentliche Impuls des Romans, geht über in die Bemühung ums Wesen, das gerade in der von Konventionen gesetzten, vertrauten Fremdheit nun seinerseits bestürzend, doppelt fremd erscheint. [...]

Der traditionelle Roman, dessen Idee vielleicht am authentischsten in Flaubert sich verkörpert, ist der Guckkastenbühne des bürgerlichen Theaters zu vergleichen. Diese Technik war eine der Illusion. Der Erzähler lüftet einen Vorhang: der Leser soll Geschehenes mitvollziehen, als wäre er leibhaft zugegen. Die Subjektivität des Erzählers bewährt sich in der Kraft, diese Illusion herzustellen, und – bei Flaubert – in der Reinheit der Sprache, die sie zugleich durch Vergeistigung doch dem empirischen Bereich enthebt, dem sie sich verschreibt. Ein schweres Tabu liegt über der Reflexion: sie wird zur Kardinalsünde gegen die sachliche Reinheit. Mit dem illusionären Charakter des Dargestellten verliert heute auch dies Tabu seine Kraft. Oft ist hervorgehoben worden, daß im neuen Roman, nicht nur bei Proust, sondern ebenso beim Gide der Faux-Monnayeurs, beim späteren

Thomas Mann, in Musils Mann ohne Eigenschaften die Reflexion die reine Formimmanenz durchbricht. Aber solche Reflexion hat kaum mehr als den Namen mit der vorflaubertschen gemein. Diese war moralisch: Parteinahme für oder gegen Romanfiguren. Die neue ist Parteinahme gegen die Lüge der Darstellung, eigentlich gegen den Erzähler selbst, der als überwacher Kommentator der Vorgänge seinen unvermeidlichen Ansatz zu berichtigen trachtet. Die Verletzung der Form liegt in deren eigenem Sinn. Heute erst läßt Thomas Manns Medium, die enigmatische, auf keinen inhaltlichen Spott reduzierbare Ironie, sich ganz verstehen aus ihrer formbildenden Funktion: der Autor schüttelt mit dem ironischen Gestus, der den eigenen Vortrag zurücknimmt, den Anspruch ab, Wirkliches zu schaffen, dem doch keines selbst seiner Worte entrinnen kann; am sinnfälligsten vielleicht in der Spätphase, im Erwählten und in der Betrogenen, wo der Dichter, spielend mit einem romantischen Motiv, durch den Habitus der Sprache den Guckkastencharakter der Erzählung, die Unwirklichkeit der Illusion einbekennt, und eben damit, nach seinem Wort, dem Kunstwerk jenen Charakter des höheren Jux zurückgibt, den es besaß, ehe es mit der Naivität der Unnaivität den Schein allzu ungebrochen als Wahres präsentierte.

Wenn vollends bei Proust der Kommentar derart mit der Handlung verflochten ist, daß die Unterscheidung zwischen beiden schwindet, so greift damit der Erzähler einen Grundbestand im Verhältnis zum Leser an: die ästhetische Distanz. Diese war im traditionellen Roman unverrückbar. Jetzt variiert sie wie Kameraeinstellungen des Films: bald wird der Leser draußen gelassen, bald durch den Kommentar auf die Bühne, hinter die Kulissen, in den Maschinenraum geleitet. Zu den Extremen, an denen mehr über den gegenwärtigen Roman sich lernen läßt als an irgendeinem sogenannten „typischen" mittleren Sachverhalt rechnet das Verfahren Kafkas, die Distanz vollends einzuziehen. Durch Schocks zerschlägt er dem Leser die kontemplative Geborgenheit vorm Gelesenen. Seine Romane, wenn anders sie unter den Begriff überhaupt noch fallen, sind die vorwegnehmende Antwort auf eine Verfassung der Welt, in der die kontemplative Haltung zum blutigen Hohn ward, weil die permanente Drohung der Katastrophe keinem Menschen mehr das unbeteiligte Zuschauen und nicht einmal dessen ästhetisches Nachbild mehr erlaubt. Auch von den minderen Erzählern, die schon kein Wort mehr zu schreiben wagen, das nicht als Tatsachenbericht um Entschuldigung dafür bittet, daß es geboren ist, wird die Distanz eingezogen. Kündigt bei ihnen die Schwäche eines Bewußtseinsstandes sich an, der zu kurzatmig ist, um seine ästhetische Darstellung zu dulden, und der kaum mehr Menschen hervorbringt, die solcher Darstellung fähig wären, so ist in der fortgeschrittensten Produktion, der solche Schwäche nicht fremd bleibt, die Einziehung der Distanz Gebot der Form selber, eines der wirksamsten Mittel, den vordergründigen Zusammenhang zu durchschlagen und das Darunterliegende, die Negativität des Positiven auszudrücken. Nicht daß notwendig wie bei Kafka die Schilderung von Imaginärem die von Realem ablöste. Er eignet sich schlecht zum Muster. Aber die Differenz zwischen Realem und imago wird grundsätzlich kassiert. Es ist den großen Romanciers der Epoche gemeinsam, daß die alte Romanforderung des „So ist es", bis zu Ende gedacht, eine Flucht geschichtlicher Urbilder auslöst, in Prousts unwillkürlicher Erinnerung wie in den Parabeln Kafkas und in den epischen Kryptogrammen von Joyce. Das dichterische Subjekt, das der Konventionen gegenständlicher Darstellung sich entschlägt, bekennt zugleich die eigene Ohnmacht, die Übermacht der Dingwelt ein, die inmitten des Monologs wiederkehrt. So bereitet sich eine zweite Sprache, vielfach aus dem Abhub der ersten destilliert, eine zerfallene assoziative Dingsprache, wie sie den Monolog nicht bloß des Romanciers, sondern der ungezählten der ersten Sprache Entfremdeten durchwächst, welche die Masse ausmachen. Wenn Lukács in seiner Theorie des Romans vor fast vierzig Jahren die Frage aufwarf, ob die Romane Dostojewskys Bausteine zukünftiger Epen, wo nicht selber bereits solche Epen seien, dann gleichen in der Tat die heutigen Romane, die zählen, jene, in denen die entfesselte Subjektivität aus der eigenen Schwerkraft in ihr Gegenteil übergeht, negativen Epopöen. Sie sind Zeugnisse eines Zustands, in dem das Individuum sich selbst liquidiert und der sich begegnet mit dem vorindividuellen, wie er einmal die sinnerfüllte Welt zu verbürgen schien. Mit aller gegenwärtigen Kunst teilen diese Epopöen die Zweideutigkeit, daß es nicht bei ihnen steht, etwas darüber auszumachen, ob die geschichtliche Tendenz, die sie registrieren, Rückfall in die Barbarei ist oder doch auf die Verwirklichung der Menschheit abzielt, und manche fühlen sich im Barbarischen allzu behaglich. Kein modernes Kunstwerk, das etwas taugte und nicht an der Dissonanz und dem Losgelassenen auch seine Lust hätte. Aber indem solche Kunstwerke gerade das Grauen ohne Kompromiß verkörpern und alles Glück der Betrachtung in die Reinheit solchen Ausdrucks werfen, dienen sie der Freiheit, die von der mittleren Produktion nur verraten wird, weil sie nicht zeugt von dem, was dem Individuum der liberalen Ära widerfuhr. Ihre Produkte sind über der Kontroverse zwischen engagierter Kunst und l'art pour l'art, über der Alternative zwischen der Banausie der Tendenzkunst und der Banausie der genießerischen. Karl Kraus hat einmal den Gedanken formuliert, was immer aus seinen Werken moralisch als leibhafte, nicht-ästhetische Wirklichkeit spreche, sei ihm lediglich unterm Gesetz der Sprache, also im Namen von l'art pour l'art zuteil geworden. Die Einziehung der ästhetischen Distanz im Roman heute, und damit dessen Kapitulation vor der übermächtigen und nur noch real zu verändernden, nicht im Bilde zu verklärenden Wirklichkeit, wird erheischt von dem, wohin die Form von sich aus möchte.

31 Arnold Zweig: Der Roman lebt (1955)

[...] Das nämlich ist die Funktion des Romans für den Aufbau der menschlichen Gesellschaft: ein Bote zu sein aus den Untergründen an die Glücklichen, die auf der Oberfläche leben, von den Mühseligen und Beladenen zu erzählen, welche die Kämpfenden und Siegenden von morgen sind und die die Welt dadurch bereichern, daß sie zu den schon bekannten Fähigkeiten des Ertragens neue hinzufügen. [...]

Aber was taten so hochbegabte britische Romanschriftsteller wie H. G. Wells oder Rudyard Kipling? Wells, der Hellhörigste seiner Generation, flüchtete aus der Gegenwart in Zukunftsvisionen von manchmal bestürzender Treffsicherheit und manchmal rührendem Schiefblick; und Kipling gar, der begabteste Märchenerzähler unserer Vorkriegswelt, beschäftigte sich im „Kim" aufs verführerischste mit der Vergoldung jenes imperialistischen Wirrwarrs, kraft dessen man den Indern einreden wollte, ohne die Einmischung der Europäer, d. h. der Briten, könnten sie weder gehen noch stehen! Nicht daß ich leugnen möchte, wie treffsicher gerade diese beiden Schriftsteller, Freuden unserer Jugendjahre, in Kurzgeschichten Einzelheiten unserer Entwicklung vorweggenommen und gestaltet hätten. Vom Roman machten sie leider linkshändig Gebrauch – von dieser Form, die wie der Spaten des Archäologen geeignet ist, in die Tiefen gesellschaftlicher Vorgänge zu dringen, das Heute und Morgen mit dem Aufdecken von Wundern und Greueln zu erfüllen, welche vorher verdrängt worden waren, vom Bewußtsein derjenigen ferngehalten, die sie begingen oder veranlaßten. Und so konnte es kommen, daß wir, die Überraschten des ersten Weltkrieges, mit dem zeitgenössischen Roman Neuland eroberten und das Wesen des modernen Aggressionskrieges zum Thema epischer Gestaltungen wählten – oder vielmehr von ihnen gewählt wurden, denn weder Barbusse noch Mottram oder ich hatten in der Jugend davon geträumt, jemals in die Fußtapfen des Ilias-Dichters oder jenes Emile Zola treten zu müssen, der den bonapartistischen Krieg und seine Vorspiele auf noch heute gültige Art entlarvt hatte und deswegen auch freilich nicht würdig war, in die Académie Française gewählt zu werden. Deswegen ist es ja auch dem Nobelpreiskomitee unmöglich, die großen Gestalter, epischen Meister zu krönen, die von Alexej Tolstoi bis Scholochow in mächtigen Romanen das Erdbeben schilderten, das in Rußland die starre Kruste des Zarismus und seiner bürgerlichen Helfershelfer zerbrach und jene großartige feuerflüssige Schicht von Völkern und Nationen herausquellen ließ, die imstande waren, in langen blutigen Kriegen ihre neu gewonnenen Menschenrechte gegen die Verschwörung der alten Machthaber im internationalen Maßstabe nicht nur zu verteidigen, sondern zum Siege über die halbe Erde zu führen. Was für Romanthemen! Welche Aufgaben für uns und die Jungen, die nach uns kommen! Nein, Harold Nicolson, der Roman ist nicht tot; er fängt gerade erst an, sich auf seine Aufgaben zu besinnen. [...]

Und so können wir beruhigt der Zukunft des Romans entgegenschauen: die Welt ist in ungeheurem Umkreis noch unentdeckt, die innere wie die zwischen den Menschen wachsende, die von der Atmosphäre umspülte wie die vom Geist in Auftrag gegebene, die von Liebe und Haß durchströmte wie die zur Abrechnung mit den schädlichen Trümmern vergangener Epochen besäte. Und nicht der Film wird diese Aufgaben lösen, so wichtig er als Werkzeug ist, das mit Bildern bewegter Menschen den Massen in Stadt und Land Unterhaltung und Deutung des gelebten Lebens darbietet. Die geistige Resonanz des Erzählten schwingt zwischen den Sätzen des Romans und macht den einsamen Leser lachen und schaudern und gleichzeitig seine Einsamkeit vergessen und überwinden, weil er ein Glied jener Millionenmenge ist, die durch Schreiben und Lesen aus der primitiven Vorwelt herausgehoben ward, um am Bau der Gegenwart und Zukunft mitzuarbeiten.

Darum lesen wir Romane, und darum werden wir nicht aufhören, diese Form zu handhaben, weiterzubilden und zu verfeinern, wir, unsere Kinder, unsere Enkel und alle Geschlechter des aus Erde und Geist geformten Menschengeschlechts. [...]

32 Heimito von Doderer: Grundlagen und Funktion des Romans (1958)

[...] Wenn ich etwas über die Technik des Romans sagen darf, so wäre es vor allem dieses, daß sie jetzt erst im Begriffe ist, ihre epische Schwester in der Musik, nämlich die große Symphonie, einigermaßen einzuholen.

Das bedeutet die Priorität der Form vor den Inhalten: in der Tat wird erst durch sie der Roman zum eigentlichen Sprachkunstwerk.

Praktisch wird damit das Bestehen eines dynamischen Gesamtbildes für ein gesamtes Werk verlangt – das heißt also ein klarer Überblick über das ganze Gefälle der Erzählung mit all' ihren Beschleunigungen, Stauungen und Entladungen – lange noch bevor deren jeweilige Inhalte feststehen, entstanden nur aus rudimentären Keimen, oder sogar noch vor diesen. Ich machte solche Erfahrungen schlagartig bei der Konzeption einer Erzählung („Die Posaunen von Jericho") im Jahre 1951, von welcher ich nur ein sehr klares und in's einzelne gehendes dynamisches Gesamtbild besaß, gerade genug, um eine Konstruktions-Zeichnung davon auf ein Reißbrett zu bringen.

Diese verhielt sich dann praktisch dem Leben gegenüber wie ein leeres Gefäß, das man unter die Wasseroberfläche drückt: unverzüglich schossen die Inhalte ein und erfüllten integral die Form. An Inhalten besteht – wenn einmal ein gewisses Stadium der „Zugänglichkeit" erreicht ist – nie ein Mangel. Und ich sagte Ihnen ja schon, meine Damen und Herren, daß für den Schriftsteller vollkommen gleichgültig sei, was er denkt und schreibt.

Unter solchen Voraussetzungen ergibt sich eine bisher nicht gekannte Freiheit der Mittel, welche ihr dezidierter Ursprung doch weitab setzt von alledem, was man seit dem neunzehnten Jahrhundert gerne und voreilig mit l'art pour l'art bezeichnet. Ich versuche, Ihnen dies nun an einem Beispiele zu zeigen, das ich den Techniken der Exposition entnehme.

Die klassische Form der Exposition holt aus und legt vor den Augen des Lesers in direkt auf ihr Ziel hin sich bewegender Weise die Fundamente; alles tritt nacheinander heran im Flusse der Zeitfolge. Ich möchte diese Technik als „additiv" bezeichnen. In der österreichischen Literatur ist das erste Kapitel von Stifters „Nachsommer" dafür ein Beispiel. Schon bei diesem Verfahren zeigt sich mitunter, daß einzelne für den späteren Gang der Sachen nötige Voraussetzungen, die sich auf ganz andere Lebenskreise beziehen, hier unauffällig bereits da und dort eingebaut werden können, ganz so, als ob sie in den jetzt praesenten Zusammenhang gehörten: Exposition durch Einstreuung und Einbettung; man könnte das auch Vorhalte nennen, wie in der Musik, wenn Bestandteile eines neuen Accordes, der später erst dem Satz zu Grunde liegen wird, vorweg genommen werden. Alles das geschieht aber hier durchaus noch im Hauptbette der Erzählung.

Eine größere Freiheit den Inhalten gegenüber ermöglicht es nun etwa, jenes Hauptbett durch ein völlig anderes erzählerisches Continuum zu schneiden, das sämtliche später für's Hauptbett nötigen Voraussetzungen enthält – aber in einem fremden Zusammenhange, der seine eigene Dynamik und also Spannung für den Leser besitzt: Exposition durch vorgelegte und heterogene Handlung. Diese expositive Lösung ist zwar künstlicher aber doch auch – naturalistischer als die direkte und klassische. Sie entspricht in der Tat mehr jener indirekten Art, in welcher das Leben sich zu bewegen pflegt, wie wir es kennen. Und der Effekt des naturalistischen Romans, der sich jener Ingredienzien bedient, die unser Alltag bietet, muß immer wieder darin bestehen, daß einer in ein erfundenes Gewand schlüpft und bei wirklichen Ärmeln herauskommt.

Ich habe das eben angegebene Verfahren der Exposition am Anfange meines Romans „Die Dämonen" verwendet, dessen Dreiteiligkeit samt dem dynamischen Konzept übrigens ganz ebenso als apriorische Form gegeben waren, wie jener Reißbrett-Entwurf der früher erwähnten Novelle.

Die „Krise des Romans" – dieser Ausdruck wird immer häufiger angetroffen – würde es heute auch geben, wenn es garkeinen Roman gäbe. Sie ist eine Krise unserer Wirklichkeit überhaupt; und der Begriff, welcher damit fragwürdig geworden, in Entzündung und Zerfall geraten ist, also seine Konturen verloren hat, ist jener der Universalität. Von ihm erst hängt das Schicksal der Gattung Roman heute ab, die ohne universalen Anspruch sofort zu einer Art „Amüsierbranche" sich spezialisiert, anders jedoch – wenn es nämlich gelänge, Universalität neu zu konstituieren – ihren Platz als die führende Kunstgattung unserer Zeit unweigerlich einnähme als deren spezifische Möglichkeit zum Gesamt-Kunstwerk, wenn auch auf profaner Ebene, und als das einzige praktische Contrarium gegen den vielbeklagten Zerfall in Spezialitäten und Spezialgebiete, die in ihrer Wissenschaftlichkeit schon skurril wirken und nebeneinander her funktionieren wie die Leibniz'schen Monaden, aber ohne praestabilierte Harmonie.

Eine jener Personen, auf denen ein starker historischer Akzent liegt, nämlich Goethe, hat dem Schriftsteller– und schon gar dem deutschsprachigen – die Möglichkeit zur neuzeitlichen Universalität praktisch gezeigt und zugleich ihm deren Last aufgeladen: denn im Leben des Geistes ist die jeweils vorderste Findung nicht eine Spitze, auf welche keineswegs jeder die Sachen treiben muß, sondern sie wird sogleich zum verbindlichen Maß und Bezugspunkt für alle.

Deshalb ist gleichgültig, wie heute ein Romancier zu Goethe sich verhält, ob er ihn liebt oder nicht liebt, liest oder nicht liest; und auch die Einstellung des Verfassers dieser Zeilen gegenüber Goethe, sein Goethe-Bild also, ist für unseren Zusammenhang hier belanglos: denn keiner wird Goethe umgehen, keiner ihn überspringen können im früher angegebenen Punkte. Dies Gewicht ist nun einmal auf uns gefallen, und auch die französische Lebensform des homme-de-lettres, des écrivain, des Berufs-Schriftstellers, der zuletzt die Literatur als Fach unter anderen Fächern, als Beruf unter anderen Berufen konstituiert, führt aus jener Verpflichtung nicht heraus: ebendies aber anzustreben, und also zu vermeinen, daß man jenes drückenden Maßes und universalen Anspruchs entraten könne, müßte heute letzten Endes einen mehr oder weniger ehrlichen Absprung in die „Amüsierbranche" zur Folge haben.

Womit wir jedoch zwischen dem Roman mit universalem Anspruch und dem Amusement einen wirkungsmäßigen Gegensatz keineswegs statuiert haben wollen. Denn der Salzburger Schnürlregen der Assoziationen bei James Joyce, die im Essayismus erstickende fadendünne Handlung bei Musil, und die geradezu gewaltige Dynamik der Langeweile bei Marcel Proust: sie alle drei stellen Spätformen dar, Konsequenzen, in die der Roman des neunzehnten Jahrhunderts – zu welchem also jene drei Autoren durchaus noch gehören – einmal münden mußte. Die generelle Tatsachengläubigkeit jener Zeit des Positivismus führte, einmal erschüttert, bei Joyce zum Fischen im eigenen Brunnen, ganz gleich, was man dabei herauszog, und bei Musil zum gänzlichen Zerdenken (dieser Ausdruck stammt von dem Psychologen Hermann Swoboda) einer fragwürdig gewordenen faktizitären Umwelt.

Wir befinden uns demgegenüber heute in einer vollends gewandelten Situation.

Denn ein tieferer Instinkt sagt nun dem Schriftsteller längst, daß nicht allen Phänomenen unserer Außen- und Innenwelt ein gleicher Grad von Wirklichkeit mehr zukommt, eine gleich breite Deckung zwischen Innen und Außen in jedem Falle. Die von uns immer aufmerksamer erlebten Schwankungen unseres subjektiven Gefühles von Wirklichkeit erkannten wir in jenen Augenblicken als ein nicht nur persönliches Übel, die immer mehr einen unwirklichen status auch der Objektwelt um uns an den Tag brachten, am Ende bis zum eigentümlich verarmenden Kalklichte innerhalb eines totalen Staates, das jede Aura abstreift und kassiert und auf solche Weise eigentlich alles unsichtbar macht; denn wirklich gesehen werden ja die Sachen vermöge ihrer am wenigsten optischen Qualität, der Aura nämlich, die um sie liegt, in welcher sie stehen. Im totalen Staate und seiner Lebensatmosphäre hatte sich eine zweite, eine geminderte Wirklichkeit, die bisher nur diffus vordrang, zur äußeren Faktizität konstituiert.

Es kann nicht verwundern, daß der erzählende Schriftsteller gegen solche gewissermaßen schleichende Sachverhalte eine erhöhte Empfindlichkeit zeigt. Die transcendentale Kategorie, in welcher er sich praktisch bei seiner Arbeit bewegt, ist die empirische, und er ist auf jeden Fall so geboren, daß bei ihm ein Zweifel über die Bedeutsamkeit äußerer Fakten gar nicht aufkommen kann, das heißt über ihre Transponierbarkeit in innere Fakten und so auch umgekehrt; von dieser Entsprechung zwischen Innen und Außen geht sein Gestalten und schließlich auch sein abstraktes Denken überhaupt aus. Anders: er ist am allerwenigsten Idealist, und weiß mit Platons Höhlengleichnis ebensowenig anzufangen wie mit Kants Ding an sich. Er hat von vornherein innig die Erkennbarkeit der Schöpfung aus dem, was sie uns in wechselndem Flusse darbietet, umarmt, und meint fest, daß die Sachen, wie sie sich als Konkretionen zeigen, durchaus sie selbst sind, ja, mehr noch – daß sie durchaus auch wir selbst sind. Man könnte den Romancier ein Individuum nennen, dem eine ferne Abspiegelung der analogia entis in besonders hervorstechender Weise als persönliche Eigenschaft innewohnt, freilich in einem verhobenen und übertragenen Verstande des Begriffs: als fester Konnex zwischen Innen und Außen. Man möchte beinahe sagen, er sei so etwas wie ein geborener Thomist.

Wird er nicht, wenn sich Vacua und Blasen in der Wirklichkeit zeigen, hinspringen müssen, um deren wie noch nie gewundene, vorbauchende und zurückfliehende Grenze überall und immer neu zu befestigen? Muß er nicht angesichts gerade dieses unheimlichsten aller Zustände, der Fakten den Boden entziehen will und Begriffe erkranken läßt, die alten Reichsstraßen einer neuen Universalität unter Tuff und Moor entdecken, und sei's auch per exclusionem, durch die, wenigstens in den Grundlinien versuchte Feststellung, was alles man heute – nicht zu wissen brauche, um universal zu sein! Was hat uns Goethe doch aufgelastet! Ganz klein da hinten in der Tiefe der Zeiten sieht man das Licht in Doctor Faustens Studierstube: aber seine Vier-Fakultäten-Universalität erscheint als ein behagliches Zusammenlegspiel. Mir ist ein Autor bekannt, der seit sechzehn Jahren an einem dicken Wörterbuch arbeitet, darin verzeichnet und definiert steht, woraus man vielleicht eine behelfsmäßige Universalität noch erstellen könnte wie eine Baracke, und unter dem Motto: Universalität ist der geometrische Ort aller Sachen, die heute noch mit einem Mindestgrade von Deckung zwischen Innen und Außen ergriffen und zur Sprache gebracht werden können.

Was aber befähigt gerade den Romanschreiber, jenen so reichlich komplizierten Griff nach Goethe's schwierig gewordenem Erbe zu wagen?

Nichts anderes als die Eigentümlichkeit seines Materials, der Sprache. An dieser Stelle hier öffnet sich die Kluft zwischen der Sprachkunst und allen übrigen Künsten überhaupt.

Wenn ein Kritiker der sogenannten bildenden Künste über eine Gemälde-Ausstellung sich äußern will, wird er der Sprache bedürfen, weil er nicht über die gesehene Ausstellung ein – Bild malen kann. Ebenso wenig wird ein Musik-Kritiker, der eine neue Symphonie zu besprechen hat, über diese ein – Streichquartett schreiben können, sondern er wird einen Aufsatz hervorbringen müssen. In beiden Fällen steht die kritische, die zerlegende, die analytische Arbeit in einem anderen Materiale als das Kunstwerk. Wenn aber der Kritiker sich einem Werk der Sprachkunst gegenüber stellt, sei's Roman oder Gedicht, so steht seine Arbeit im gleichen Materiale wie das Werk der Kunst, das sie zu deuten unternimmt.

Das heißt aber: die Sprache hat eine doppelte Anwendbarkeit. Einerseits kann sie rein als Material der Gestaltung gebraucht werden, wie Farbe, Ton, Thon oder Stein. Ebenso groß aber ist ihre Kraft, wenn sie nicht gestaltweis, sondern zerlegungsweise, also analytisch auftritt, wenn nicht etwas dargestellt wird mit den Mitteln der Sprachkunst, sondern über etwas gesprochen oder geschrieben. Beide Anwendungsarten der Sprache erst machen zusammen einen Schriftsteller aus, und schon gar den Romancier. Wie nimmermüde synchronisiert laufende Kolben tauchen jene zwei Möglichkeiten der Sprache blitzend auf und ab; ja, sie werden einander ständig steigern. Jeder starke Stoß in die Gestaltung wird wie ein nachgrollendes Echo die zerlegungsweise Kraft auf den Plan rufen, deren Schärfe es dann geradezu provoziert, daß die Wogen der Gestaltung über ihr zusammenschlagen, das durchaus Vorläufige jeder Gedanklichkeit neuerlich erweisend. Die Produktion eines Romans ist etwas ähnliches wie jener Ringkampf zwischen Apollon und Herakles im Tempel zu Delphi, wie ihn Wedekind in seinem Drama zeigt: keiner wurde des andern mächtig.

Daß aber hier die Möglichkeit auf der Hand liegt, sich jeder Sache überhaupt zu bemächtigen, läßt den Griff nach Goethes Erbe als denkbar erscheinen. Mit dem universalen Anspruch ist jedoch auch das Gesamtkunstwerk schon gesetzt: Architektur des Aufbaus, Musik der sprachlichen Kadenz – der Satz im symphonischen Sinne – und die Leuchtkraft der Bilder. Alle Wissenschaften auch dienen zuletzt dem Romancier: so weit muß er die Arrogierung als heuristisches Prinzip treiben, um nur seiner Kategorie gerecht zu werden. Ja, um das Leben beisammen zu halten, und über allem skurrilen und gespenstischen Spezialistentume, wird er im Herzensgrunde glauben, daß nur durch die Sprachkunst, das Zum-Kristall-Der-Form-Schießen, jedes Teilergebnis zuletzt verifiziert werden kann, und auch dieser Verifizierung bedürftig ist: wo nicht, dann gehört's wahrscheinlich zu alledem, was man nicht zu wissen braucht, um gleichwohl universal zu sein.

Wie aber, sagten wir nicht früher, die Universalität könne heute bestenfalls als Zelt oder Baracke erstellt werden?

Aber eben damit ist die heutige Funktion des Romans einigermaßen genau bezeichnet. Auch Geometer, die in der Wildnis das Land vermessen, leben mitunter in Zelten. Eine Art Hauslosigkeit scheint der Natur des Schriftstellers überdies sehr angemessen. Nun, vom Gezelt also ziehen wir aus, und sind garnicht der Meinung, daß Romanhandlungen etwas Überwundenes darstellen, und daß man ab Robert Musil in dieser Hinsicht nur mehr mit Wasser zu kochen habe. Die Aufgabe, die sich dem Roman heute stellt, ist sehr im Gegenteile die Wieder-Eroberung der Außenwelt: und in dieser wird bekanntlich gehandelt, in jedem Sinne. Denn die Schöpfung ist nun einmal dinglich, dagegen ist nichts zu machen, und das habe man vor Augen. Der utopische oder transreale Roman, wie ihn die Deutschen immer wieder hervorbringen, kann jene angegebene Funktion nicht erfüllen. Ebensowenig vermag's alles reportagehafte Schreiben, Zeitung zwischen Buchdeckeln.

Denn die Fiktion, die Erfindung, zeigt jetzt in diesem Zusammenhange erst ihren hohen heuristischen Wert, ihren eigentlichen geistigen Ort: es ist der eines archimedischen Punkts. Die Fiktion setzt, sei's auch nur einen initiierenden Augenblick lang, den Autor außerhalb seiner hier und jetzt so gegebenen Umstände. Sie schenkt ihm jene Ellbogenfreiheit, deren auch ein Pfeilschütze bedarf, um seinen Bogen zu spannen. So geht der Schuß in's Schwarze der Tatsachen. Die Fiktion ist ohne Eigenbedeutung: eben jenes erfundene Gewand, durch das man bei wirklichen Ärmeln herauskommt.

Die Wieder-Eroberung einer auf weite Strecken hin in einer zweiten Wirklichkeit erblaßten Außenwelt ist also die heutige Funktion des Romans, und sie ist dem Schriftsteller wohl deshalb anvertraut, weil dieser Feldzug bei ihm einem unwiderstehlichen echten Zwange entspringt. Sein empirisch verfaßter Geist sieht in den Fakten eine letzte Autorität – facta loquuntur – und er kann auf die äußeren und ihre Kompetenz so wenig verzichten wie auf sein Inneres, auf seine mit jenen Fakten correspondierende Mechanik des Geistes: anders: er weiß, daß Romanhandlungen oder handlungsreiche Romane – so heißt in seinem Jargon die Deckung und Correspondenz zwischen innen und außen – möglich, universal und repräsentativ sind, sobald die immer wieder auftretenden Vacua der zweiten Wirklichkeit sozusagen von einer ersten Wirklichkeit eingekesselt und umgeben bleiben: also der Deskription unterworfen, durch die Mittel der Kunst bewältigt und zum Ausdruck gebracht werden können. Damit werden sie Phänomene unter Phänomenen, das heißt sie erfahren eine Realisierung, eine Ver-Wirklichung im Sinne einer Durchdringung mit Wirklichkeit. Ist aber die zweite Wirklichkeit uns nur benachbart, ist sie ein Reich neben uns und ein Maß in seiner Immanenz, dann steht des Schriftstellers Sache verzweifelt. Was er nicht mehr umfassen kann, ein Objekt, das er mit seinen empirischen Organen nicht allseitig mehr zu appercipieren vermag: es hebt ihn selbst auf. Seine Funktion ist die Realisierung auch des Irrealen, das durch ihn zur Erfahrungstatsache und darstellbar wird. Wo keine Romanhandlungen mehr möglich sind, dort beginnt das Schatten- und Aschenreich der Untertatsächlichkeiten, der nicht mehr umgreifbaren, ungar gebliebenen Pseudo- Konkretionen.

Nie aber wird ein Autor, einmal so der Wirklichkeit verschworen, aus solchem Gefechte mehr weichen: nicht in's Transreale, nicht in die Romantik, nicht in's Ideologische: kein Erbe Goethe's nur, sondern auch der Alten, deren Erfindung und überlebendes

Relikt ja der Schriftsteller ist, wenngleich jene sich bestimmt nichts davon haben träumen lassen, zu welchem seltsamen Grenzkampf ihr Nachfahre würde berufen sein im Nebel und in der Unsichtigkeit des zwanzigsten Jahrhunderts, aber im Grunde am gleichen Limes.
[...]

33 Ernst Kreuder: Das Unbeantwortbare. Die Aufgaben des modernen Romans (1959)

[...] Welche Werte, dürfen wir fragen, hat der moderne Roman anstelle der zerstörten Wunschbilder nun aufzuweisen, nachdem wir die existentielle Verzweiflung als berechtigt, wenn auch mit Einschränkung, anerkannt haben? Von der Literaturkritik wird unermüdlich die Forderung erhoben, der Roman habe, wenn nötig schonungslos, die Wahrheit darzustellen. Gemeint ist in erster Linie die Wahrheit über unsere Zeit. Nun ist der Roman zweifellos ein erzählendes Werk. Grundsätzlich dürfen wir daher fragen: läßt sich die Wahrheit überhaupt *erzählen*?

Die großen Romane unserer Epoche sind vorzüglich geschrieben. Ihre Lektüre fasziniert uns, ob sie uns nun beängstigen, quälen oder gar entsetzen, und sie sind, mit geringen Ausnahmen, deprimierend, und damit enttäuschend. Diese Enttäuschung, wird man erklären, ist mit großer Sorgfalt und Zähigkeit geplant. Wem die tragenden Lebensillusionen entfärbt, entzaubert, und schließlich unwiderruflich zerstört werden, hat mit solchen elementaren Enttäuschungen zu rechnen.

Bei unserer Untersuchung meinen wir jedoch nicht die Enttäuschung, die durch den Verlust der Illusionen erfolgt, sondern durch den modernen Roman als solchen, als Modell. Wir haben uns hier nicht mit literargeschichtlichen Problemen zu beschäftigen, sondern mit einem, wenn das Wort erlaubt ist, den Roman betreffenden wesenskritischen Versuch. Die literarischen Leistungen bedeutender Romane der Gegenwart werden daher unangezweifelt bleiben. Lassen Sie mich hier bitte fünf für fünfzehn bedeutende Namen anführen: Joyce, Döblin, Faulkner, Thomas Wolfe und John Cowper Powys.

Die Produktion der zeitgenössischen Romanciers läßt heute

etwas vermissen, was uns der Roman als solcher einmal versprach. Unsere modernen Autoren scheinen ausnahmslos entschlossen, ihre Leser nicht nur zu deprimieren, sondern zur Verzweiflung zu bringen. Sie vermeiden es daher übereinstimmend, den Leser etwa zu begeistern oder auch nur zu erwärmen, und sie scheinen jede Genugtuung darin zu finden, uns durch abstoßende Lektüre zu ernüchtern, zu erkälten, anstatt uns, wenn auch nur für die Dauer eines Kapitels, in die Entrückung zu erheben.

Ihre Romane beschäftigen vorwiegend unsere Intelligenz, unser Interesse, unsere Wißbegierde und unseren Wissensdurst, dafür zunehmend weniger unsere unmittelbare innere Teilnahme. Mit ihrer Faszination, mit ihrer Spannung und mit ihren dramatischen Effekten lassen Sie beim Leser etwas im Stich, das ich einmal die *Erwartung* nennen möchte. Diese modernen Autoren arbeiten, so scheint es, und durchaus nicht unabhängig voneinander, an der Entwicklung eines neuen, monströsen Romantyps, am Roman der unbedingten und absurden Erwartungslosigkeit. Es ist eine Generation der „Aussichtslosen" am Werk, die uns mit ihren Veröffentlichungen schockiert. [...]

Darüber hinaus jedoch müssen wir vom Roman die uneingeschränkte *epische Vollständigkeit,* die schöpferische Komplexität fordern. Der zwangsmäßig einspurige Realismus der Verzweiflung, der depressiven Welt- und Selbstverachtung ist ebenso berechtigt wie unzulänglich. Niemand leugnet das Menschenleid, niemand die Existenz unglücklicher, dem Selbstmord ausgelieferter Mitmenschen. Das epische Kunstwerk sollte auch dem gefährdeten Menschen die andere, die zweite, die unerklärliche Seite der Wirklichkeit zeigen, das Geheimnis einer Wirklichkeit, die nicht vom Menschen erschaffen wurde. Der moderne Roman darf nicht aufhören, an den verborgenen und unfaßlichen *Plan* zu erinnern, der die Erscheinungen und ihr Vergehen bewirkt. An den unendlichen Plan, ohne den kein Halm grünen und kein Wassertropfen sich bilden würde, Zeugung und Tod des Menschen sich nicht ereignen könnten.

Die Erdbebenschreiber der Kunst, der Literatur, zeigen uns den Menschen unserer Tage inmitten seiner industriellen Perfektion auf dem Wege in eine bedrückende Freudlosigkeit, die in ihren Höhepunkten zu nihilistischer Lebensverneinung geführt hat. Doch auch der entschiedenste Nihilist atmet, spricht, bewegt sich und ißt und trinkt mit unbegreiflicher Selbstverständlichkeit. Welche Verwaltung, welche Instanz gewährt ihm wohl dieses in seinen literarischen Erzeugnissen oft bis zur Raserei verabscheute Dasein? Diese Romane einer latenten Selbstvernichtung sind nicht nur unvollständig, sie sind auch bedrückend *humorlos*. [...]

Der moderne Roman sollte sich weniger um die Sorgen einer Generation bemühen als um den Menschen, den er noch einmal als das unbekannte Wesen sehen darf. Ein seit Jahrtausenden fragendes Wesen, das seine Herkunft nicht kennt und von seiner Funktion im Weltplan nichts Endgültiges weiß, das vorübergehend in dieser unbegrenzten Wirklichkeit erscheint, und dem dieses Vorübergehen weithin verstellt wird durch die täglichen Mühen. Ein Unbekannter, der in lichten Augenblicken erkennt, daß die Epoche, in der er lebt, ebenso hinfällig sein wird wie vergangene und zukünftige Epochen, ein Unbekannter, der die Antwort auf die letzten Fragen nie erfahren wird, auf die allerletzte Frage: was ist mit dem Menschen in der Welt gemeint?

Zu dieser unmöglichen Frage hinzuführen, scheint uns zu den wesentlichen Aufgaben der Romandichtung zu gehören. Der Roman sollte versuchen, den Weg zu diesem fragenden Anruf frei zu machen von allen zweckbedingten Vorstellungen, um den musischen Menschen, für eine Weile, in jenen Daseinszustand zu entführen, da er sich *in der Schwebe* befindet, in der Schwebe zwischen den Zeiten und ihren Wahrheiten. [...]

34 HERBERT EISENREICH: Roman und Zeitgeist (1959)

[...] Die Individualisierung des Kunstgenusses und die Demokratisierung der Lebensformen haben zwar das Drama abgewürgt, anderseits aber den Roman provoziert: den Roman, der – im Gegensatz zum Drama – nicht kollektiv, sondern individualistisch komsumiert wird und – wieder im Gegensatz zum Drama – den Helden nicht auf seine Tat, sondern in seine (geistige und materielle) Umwelt stellt: das Subjekt in ein Objekt verwandelt. Stifters Prinzip der Gleich-Gültigkeit ist nichts anderes als die ästhetische Version des politischen Gleichheits-Prinzips, und seine literarische Auseinandersetzung mit Hebbel vollzog sich, genau besehen, im innersten Zentrum der Walstatt, auf der die Demokratie im Kampf mit den älteren Ordnungen stand. Eine chronologisch-geographische Darstellung der Entwicklung des modernen Romans entspräche ziemlich genau einer eben solchen Darstellung der zunehmenden Demokratisierung im allgemeinen und der steigenden Volksbildung im besonderen. Hier wie dort geht die Tendenz vom Westen nach dem Osten: Im Ursprung der demokratischen Revolution beginnen Constant, Stendhal, Balzac, Flaubert; in Mitteleuropa schließen Jean Paul, Stifter und Keller sich an; endlich folgt Rußland mit Tolstoi und Dostojewski. Ja, der Roman, wovon auch immer er handle, entspricht stets genau den Formen der Demokratisierung: in Frankreich der Gegensatz und dann wieder der Ausgleich zwischen dem Privaten und dem Politischen; im deutschen Bereich der halbe Schritt ins Öffentliche und der entschlossene Rückzug in die Persönlichkeitsbildung; und bei den Russen das radikale, aber extrem subjektive Bekenntnis zum Überpersönlichen in Religion und Nation.

Der Roman ist unserer Zeit gemäß dank der ihm innewohnenden Möglichkeit von Universalität. Heimito von Doderer, der seit Tolstoi wohl bedeutendste Praktiker dieser Kunst, sagt vom Roman, er sei für uns, wenigstens annäherungsweise, das, was die Kathedrale dem Mittelalter war, das Gesamtkunstwerk, der vollkommenste formale Ausdruck des Zeitgeistes, nämlich die Vereinigung von speziellen Wissenschaften und allgemeiner Lebenserfahrung, von Traum und naturalistischer Beschreibung, von Lyrik und Psychologie, von Historiographie und Dramatik, von Anschauung und Erkenntnis, dies alles geordnet nach den Gesetzen musikalischer und bildnerischer Komposition und buchstäblich unter ein Dach gebracht von einer großen exakten Architektur. In der Tat: Wie die Demokratie unsere gesellschaftliche und ökonomische Wirklichkeit, so hat die von ihr geförderte Wissenschaft unsere Welt und unser Welt-Bewußtsein gleichsam detailliert, und das Zerstückte und Zerstreute nun wieder in eins zusammenzuschauen, unsere heute dringender denn je spürbaren universalistischen Bedürfnisse zu befriedigen: das gelingt eben nicht mehr dem linearen Drama, sondern nur mehr dem wie ein dicker Teppich vielfädig geknüpften Roman. Seit dem 19. Jahrhundert, und erst recht seit Freud und Einstein, können wir nicht mehr an die erste Voraussetzung des Dramas glauben:

an die direkte Kausalität von Wille und Tat, von Schuld und Sühne. Viel mehr empfinden wir alles, was geschieht, als das Resultat von unzähligen winzigen, in Schicksals-Muster zusammenschießenden und sich verknotenden Kräften, und dieses Kräftespiel ist das Thema (also: Form und Inhalt zugleich) des Romans. Eben deshalb blüht diese Kunstgattung heute wie keine andre: nur weil sie die Welt darstellt so, wie sie ist: voll von disparaten Einzelheiten, und doch ein organisches Ganzes.

Von Inhalten war noch gar nicht die Rede; aus gutem Grund. Denn nur mit formalen Kriterien läßt sich der Grad der Aktualität ermessen. Ein formloser Roman bleibt geistig belanglos auch dann, wenn er den Stoff aus der heutigen Zeitung hat; nichts ist so schäbig, aber auch nichts so fruchtlos wie diese Spekulation auf faktische Aktualität, auf das stofflich Interessante. In der Hand des Pfuschers bleibt auch der Klumpen Gold nur ein Klumpen, aber der Meister macht auch aus Lehm noch eine Gestalt. Nicht irgend ein stoffliches Interesse, sondern die innigste Verschmelzung eines großen humanen Interesses mit einem großen artistischen Interesse macht die Schöpfung des Künstlers aktuell, enthebt sie der zum Verfall geneigten Natur der Dinge. Wir sagen's noch einmal: die innigste Verschmelzung eines großen humanen Interesses mit einem großen artistischen Interesse. Denn aus Humanität allein wird, bei künstlerischer Ambition ohne künstlerische Nüchternheit, nur Kitsch, aus Artistik ohne die Wärme des Kreatürlichen nur Kunstgewerbe. Das macht den Künstler aus: die Fähigkeit – die Lust? der Zwang? –, das unveränderlich Menschliche mit denjenigen Mitteln darzustellen, die den veränderlichen Bedingungen menschlichen Daseins jeweils entsprechen.

Uns scheint, von allen nur denkbaren Mitteln künstlerischer Daseins-Meisterung liege uns heute am nächsten der Roman, der von breit gewalzter Novellistik, vom erzählten Drama fundamental unterschiedene, der nicht in eine, sondern in alle Dimensionen sich erweiternde, der in seine eigene Endlosigkeit hineinkomponierte große Roman. Er ist ganz und gar, ohne weitere Herkunft, ein Produkt dieser Zeit, ihr gelungenstes vielleicht, und gewiß das geeignete Werkzeug, sie unserm Verständnisse aufzuschließen.

35 HERBERT EISENREICH: Der Roman. Keine Rede von der Krise (1961)

[...] Hätten wir von Anfang an behauptet, der moderne Roman sei, beispielsweise, realistisch-gegenständlich, dann hätte man uns mit vollem Recht der bloßen Meinungsäußerung zeihen dürfen; so aber sind uns die Kriterien aus der in Rede stehenden Sache selber zugeflossen, einschließlich sogar jenes ersten, daß der Roman durch seine Vielschichtigkeit und All-Verwobenheit sich von den anderen Formen der Erzählkunst wesentlich unterscheide. Er verknüpft die Gesellschaftsschichten und die Zeiten und Örter, indem seine Handlung sich nicht bloß in die Länge, sondern mehr noch in die Breite entwickelt, jedoch bei durchaus geschlossener Komposition, so daß in jedem Teil auch schon das Ganze enthalten ist, wie im Modell: eine sachliche Universalität, die sich in der technischen realisiert, wenn epische Diktion und Psychologie, Lyrik und Philosophie, Dramatik und gegenständliche Welterfahrung zu Hilfswissenschaften der Fatologie werden, wie wir im wissenschaftlichen Jargon die Kunst des Romans wohl nennen dürfen; geht es in ihr, wie eine meiner Roman-Figuren glücklich bemerkt, doch darum, „durch den Plafond der Zufälle hindurch den Sternenhimmel des Schicksals sichtbar zu machen".

Aber dieser „Plafond der Zufälle" ist und bleibt vorhanden, gewissermaßen als das Medium der Transzendenz, oder technisch gesprochen: als Gegenständlichkeit, und das heißt für den Roman: als Handlung. Der Hans liebt die Gretel, aber die Gretel liebt den Fritz: das ist die unerläßliche gemeinsame Basis aller Erzählkunst, und was der Autor sagen will, und sei das die tiefste Philosophie von der Welt: er muß sie, diese Philosophie, entstehen und geschehen lassen in diesem Spannungs-Dreieck von Hans und Gretel und Fritz. Immer wieder hat man den Roman verächtlich machen wollen mit dem als Argument kaschierten Witzchen, es sei kein Gegenstand der Kunst und deshalb ganz unnötig zu erzählen, daß Herr Schulze sich eine Zigarette anzündet. Wir behaupten dagegen, zu erzählen, daß Herr Schulze sich eine Zigarette anzündet, sei haargenau so nötig oder unnötig, wie es nötig oder unnötig ist, den ganzen Roman zu schreiben, in dem diese Episode vorkommt. In einem Roman, der in bloß buchhändlerischer Hinsicht einer ist, hat auch die

Hochzeit oder der Selbstmord oder die Bekehrung des Helden keinen Sinn, weil keine Funktion: der Zufall bleibt nichts als Zufall. In dem Maße aber, in dem die Intention des Autors dem menschlichen Leben, wie es tatsächlich ist, gerecht wird: in eben dem Maße beginnen die Zufälle, es nicht mehr zu sein: sie geben ihre bislang unerkannte Bedeutung preis, sie beginnen zu sprechen, und sie sagen, daß nichts aus Zufall, alles aus Schicksal geschieht und nicht anders geschieht, als es dem also Betroffenen zusteht – gleich, ob der Hans seine Gretel kriegt oder ob Herr Schulze sich eine Zigarette anzündet. Im Roman entlarven die Zufälle sich selber als bürgerliche, als areligiöse Verharmlosungen des Schicksals: man hat eben Glück oder Pech gehabt, sagt man; doch hat man im wirklichen Leben nicht Glück noch Pech, nur Schicksal, und eben diesen Sachverhalt erhellt der Roman mit seiner Handlung. Das artistische Prinzip erweist sich als ein sittliches. Wenn wir nun – mit Doderer – den Roman die „Wissenschaft vom Leben" nennen, so konstatieren wir damit aber nicht nur seinen Werkzeug-Charakter, sondern seine Weltlichkeit schlechthin: wo er sich, mittels der Thematik, ins Religiöse aufschwingt, verfehlt er seine Möglichkeiten genau so wie dort, wo er ins Politische absinkt – womit natürlich nicht gemeint ist, daß nicht auch ein Priester den Helden, daß nicht auch die Frömmigkeit den Gegenstand eines Romanes abgeben kann. Religiöse Kunst jedoch vermöchte er nie zu sein, noch weniger als irgend eine der anderen Künste, denen vielleicht die Nabelschnur zum mythischen Urgrund noch nicht so völlig durchgetrennt ist wie ihm. Hüten wir uns also davor, Wunder von ihm zu erhoffen! Er ist ja nie das Leben selbst, nur dessen Spiegel, also wertneutral. Er schenkt uns nicht das Heil, sondern macht uns nur reifer für es, indem er unsere Fähigkeit mehrt und, vor allem, unsere Lust weckt, es zu erringen. Er sagt nicht nur selber sein Ja zum Leben, zur Totalität des Seins, sondern setzt auch uns in den Stand, dieses Ja zu sprechen. Was, als Vereinzeltes, im zersplitterten modernen Leben uns stört und verstört, das rückt er zurück ins Ganze der Schöpfung, und schon erstirbt uns das Nein auf der Lippe. Das Leben sehen, wie der Roman es darstellt: das bedeutet nichts Geringeres als das uneingeschränkte Einverständnis mit diesem Leben, wie immer es ist.

Die Inhalte seines Lebens kann keiner sich wählen – wie es

in der Kunst, und insbesondere in der Kunst des Romans, keine Stoffwahl gibt. Aber was einer macht aus dem Vorgegebenen seines Daseins: ob er's im Rohzustande beläßt oder ob er es formt: das liegt sehr wohl bei ihm, und bei ihm allein; und wie dabei zu verfahren ist, das lehrt der Roman. Er ist seinem Wesen nach methodologisch. [...]

36 HEINRICH BÖLL: Über den Roman (1960)

Es erscheint mir unmöglich, eine Diskussion über den Roman mit Begriffen wie „moderner Roman", „Roman der Gegenwart" zu führen, wenn nicht geklärt wird, was unter „modern", unter „Gegenwart" zu verstehen sei. Günter Grass und Alain Robbe-Grillet sind beide Romanciers der Gegenwart, sie sind fast gleichaltrig, und doch sind ihre Romane weiter voneinander entfernt, als etwa die Romane von Georges Bernanos und Thomas Mann voneinander entfernt sind.

Wer ist, wer war modern, wer schreibt den Roman der Gegenwart? Albert Camus' Werk ist sehr gegenwärtig, es ist im allerstrengsten Sinn modern; und doch ist Faulkner – in anderer Richtung als die Genannten, Welten von Camus entfernt – nicht weniger gegenwärtig, nicht weniger modern, und jeder einzelne der hier Genannten hat und hatte sein eigenes Modell.

Auf der ganzen Erde wird am Roman der Gegenwart geschrieben, und ich sehe nirgendwo jene Gemeinsamkeit, die den Ausdruck „Roman der Gegenwart" für ein bestimmtes Muster verbindlich machen könnte. Die beiden Green(e)s, Julien und Graham, schreiben am Roman der Gegenwart, sind fast gleichaltrig, und doch: würde man auch nur die geringste verbindliche Gemeinsamkeit bei ihnen suchen, man könnte ebensogut versuchen, bei Cocteau und Camus Gemeinsames zu entdecken. Wäre schon eine Diskussion über die Frage, was Gegenwart, was gegenwärtig sei, zur Endlosigkeit verdammt, die Frage nach dem Roman der Gegenwart hätte noch weniger Aussicht, einen Beschluß zu finden.

Ich glaube zu verstehen, wenn man sich dagegen wehrt, daß Verzweiflung ein verbindliches Ingredienz des modernen Romans zu sein habe; wir neigen dazu, Verzweiflung ernster zu nehmen als das, was man „entfesselte Humorigkeit" nennt: *billiger Humor ist rasch entlarvt, auf billige Verzweiflung fallen wir leichter herein.* Wie billige Humoristen oft ein lustloses Leben führen, führen die Prediger der billigen, der modischen Verzweiflung oft ein recht vergnügliches Leben; auch bei Verzweiflung, soweit sie sich in der Literatur manifestiert, gibt es Qualitätsunterschiede. Als Ordinate allein ist sie wertlos, erst mit der Abszisse Verantwortung erhält sie Wert. Verantwortung des Romanciers, das ist ein großes Wort; ich finde kein kleineres.

Der Roman, das ständig totgesagte Kind, eigentlich noch zu jung, um zu sterben, jetzt gegenwärtig, bald der Vergangenheit angehörig, ist nicht sehr voll von homerischem Gelächter. Er scheint tatsächlich den Humor verloren zu haben. Das hat seine Ursachen. Die Atempausen zwischen den Katastrophen waren zu kurz, ihn wiederzufinden, und schon tritt eine neue Bedrohung auf, die alle bisher geträumten Vernichtungsträume zu harmlosen Alpdrücken degradiert: die Vorstellung von Satelliten, die, mit Atombomben geladen, die Erde umkreisen, an jeder gewünschten Stelle ihre Fracht abladen können, ist nicht mehr illusorisch.

Der Fortschritt ist absolut humorlos, weil er den Optimisten ausgeliefert ist. *Wer im Angesicht solcher Bedrohung nicht Selbstmord begeht, lebt entweder automatisch weiter, auf Grund jenes törichten Optimismus', den etwa eine Uhr ausströmt, indem sie weitertickt – oder muß jenes Gran Humor besitzen, das ihn wenigstens zeitweise des Gefühls der eigenen Wichtigkeit enthebt.*

An diesem Punkt, so scheint mir, fängt die Verantwortung an, die Verantwortung dessen, der überhaupt noch eine einzige Zeile schreibt; vielleicht wird es den *„automatischen" Roman* geben, der sozusagen die letzten Zuckungen der Menschheit, die sich über Jahre und Jahrzehnte hinziehen können, registriert; als Modell großartig, ein Kunstwerk von hohen Graden und in sich notwendigerweise verzweifelt, konsequent und böse; seitenlang wird in diesem „automatischen" Roman nichts anderes beschrieben, als wie ein Kind sich ein Butterbrot schmiert oder eine Kuh wiederkäut; die Satelliten werden nicht genannt, aber jeder weiß, daß sie da sind.

Dieser Roman, der automatische, wäre die Konsequenz für alle Romanciers, die nur eine einzige Verantwortung kennen: die ihrer Kunst gegenüber. Wer aber noch irgendeine andere Verantwortung anerkennt, als Christ, als Sozialist, sei es nur als vager Liberaler, der einem gewissen Humanismus anhängt – wird sich an jenes Gran Humor (ein Minimum, es darf auch etwas mehr sein) halten, das allein ihm das Weiterleben auf dieser Erde möglich macht.

Die totale Kunst, die immer von Fanatikern betrieben wird, führt auf den oben beschriebenen Weg; aber jeder Künstler, der irgendeine andere Verbindlichkeit anerkennt – wären es auch geringere als Christ oder Sozialist, etwa: Vater, Franzose, oder nur: Nichtraucher, irgendeine –, kann nicht dem Fanatismus huldigen, dessen Ergebnis das ist, was Ernst Kreuder das Modell der Verzweiflung nennt.

Was mich daran zweifeln läßt, daß dieser automatische Roman der absoluten Humorlosigkeit zustande kommt, ist die Tatsache, daß einer, der Romane schreibt, auf recht lange Strecken mit seiner Kunst zusammenlebt. Beim Schreiben eines Romans werden Liebe und Dauer auf eine Weise vereint, die jeden Ehetheoretiker neidisch machen müßte. Und wie könnte man verheiratet sein, ohne zeitweise zu vergessen, daß man es ist?

Wer hierzulande das Wort Humor in die Debatte wirft (gar, wenn es um etwas so Ernstes wie den Roman geht), wird zweifellos sofort der „Etappenhasenkomik" verdächtigt; aber Klamottenscherze haben nichts mit Humor zu tun, er hat nie rein irdische, immer, wenigstens zu einem Gran, metaphysische Qualität.

Ich wage es, ihn erhaben zu nennen, und ein Künstler sollte, gerade, weil er einer ist, fähig sein, auch über seine Kunst erhaben zu sein, und diese Erhabenheit darf er getrost in seine Mitteilung einflechten.

37 ALFRED ANDERSCH: Interview mit Horst Bienek (1962)

[...]

Bienek: Was für spezifische Eigenschaften sollte man, nach Ihrer Meinung, als Romancier haben?

Andersch: Die Fähigkeit, Ereignisse und Zustände als sinnliche Gegenstände wahrzunehmen und diese Gegenstände ohne alle symbolische, parabolische oder allegorische Absichten zu zeigen, als das „real thing", das sie sind. Interesse an der menschlichen Seele. Leidenschaft zur Komposition eines Stoffes und zur Disposition eines umfangreichen Textes. Geduld.

Bienek: Ich sage Ihnen gewiß nichts Neues mit der Bemerkung, daß viele jüngere Autoren, die Ihre essayistischen Arbeiten, Ihre progressive Zeitschrift „Texte und Zeichen" kannten, ein wenig enttäuscht waren, daß Sie in „Sansibar" die Geschichte einer Flucht so brav hintereinander, ohne syntaktische Experimente, erzählten. Immerhin haben Sie da manche stilistische Raffinessen, z. B. daß die Kapitel immer bestimmten handelnden Personen zugeordnet sind. Dieses Prinzip ist zwar auch in Ihrem zweiten Roman „Die Rote" angewandt, aber da schon etwas verwässert, lange nicht mehr so streng und kongruent. Wie stellen Sie sich dazu?

Andersch: Ich kenne viele jüngere Autoren, habe aber von einer Enttäuschung über „Sansibar" nichts bemerkt. So freue ich mich, wenigstens auf diesem Wege davon zu hören. Das kritische Gespräch zwischen Autoren ist ja in Deutschland wenig ausgebildet. Wenn Sie sagen, ich erzähle in „Sansibar" eine Geschichte „brav hintereinander", so muß ich Ihnen offen sagen, daß ich überhaupt nicht verstehe, wovon Sie reden. Ich erzähle in „Sansibar" eine Geschichte eben nicht „brav hintereinander", sondern in unaufhörlich wechselnder Verschiebung der Perspektiven, bedingt durch das streng durchgehaltene Prinzip der simultanen Figurenführung. Der Eindruck der Einfachheit, den die Geschichte macht, muß also von irgendwo anders herkommen, nicht von ihrem konstruktiven Aufbau. „Die Rote" hingegen ist ein monologischer Roman, in dem zur beherrschenden Figur nur eine einzige andere Figur simultan geführt wird, quasi kontrapunktisch, als Gegenstimme.

Bienek: Ich meine mehr die Sprache, die ja in gewissem Sinne „traditionell" ist, also keine Veränderungen, Mutationen aufweist wie etwa bei Bense oder Heißenbüttel, bei Johnson, auch keine Überhöhung der Realität wie etwa bei Genet.

Andersch: Ich glaube, daß die Evolution der Sprache, die sich heute vollzieht, in der eigentlichen Romanform nur mit größter Vorsicht und Überlegung angewendet werden kann; ich meine, wenn man den Roman als Form überhaupt erhalten will. Den üblichen reaktionären Hochmut gegen die Versuche, zu ganz neuen Aggregatzuständen der Sprache zu kommen, teile ich nicht.

Bienek: Ich darf Sie vielleicht an Valéry erinnern, der in Zweifel setzte, ob ein Romancier noch die Gedanken seiner „Helden" wiedergeben darf. Woher nimmt er die Sicherheit, zu sagen, daß *seine* Figur in diesem Augenblick *dieses* und nichts anderes denkt? Mit anderen Worten: kann der Erzähler heute noch der liebe Gott sein, der seine Figuren lenkt und führt, und der alles weiß, was sie denken und was sie tun?

Andersch: Ich komme mir keineswegs wie der liebe Gott vor, wenn ich in einem Roman eine Figur etwas denken oder tun lasse. Figuren bestehen aus dem, was sie sind, was sie denken und was sie tun. Wenn ich darauf verzichten soll, dies zu schildern, dann wäre es konsequent, auf Figuren überhaupt zu verzichten.

[...]

Bienek: Nehmen wir an: den lieben Gott, der dem Helden über die Schulter blickt und alles weiß, was er denkt und tut, den Erzähler des klassischen Romans also, den gibt es nicht mehr. Was aber tritt nun an seine Stelle? Max Frisch z. B., ein äußerst nachdenklicher Autor, hat dafür eine Antwort gefunden, indem er etwa die Tagebuchaufzeichnung verwendet („Stiller") oder die Ich-Form benutzt („Homo faber").

Andersch: Ich denke gar nicht daran, den klassischen Erzähler abdanken zu lassen. Daß er ein Gott sei, behauptet nicht er, sondern die Leute, die ihm unterstellen, er wolle einer sein. Er ist nichts weiter als ein Mann, der an einem Tisch sitzt und Bogen weißen Papiers mit reinlichen Zeichen bedeckt, wobei ihm, wenn er Glück hat, gelegentlich etwas einfällt. Immerhin, *soviel* ist er: dieser Mann an einem Tisch, der schreibt. Er ist kein Gott, aber er ist auch nicht gerade ein Dummkopf: er denkt an Menschen, er hat ein Thema, es fällt ihm eine Handlung dazu ein, er läßt sich von einem möglichen Schauplatz gefangennehmen. Doch die Pariser päpstlichen Bullen verbieten es ihm für die Zukunft, und zwar ausdrücklich im Namen der Wahrheit. Im Namen der Wahrheit wird ihm verboten, an Menschen zu denken, ein Thema zu haben, eine Handlung zu erfinden. (Schauplätze bleiben erlaubt.) Im Namen der Wahrheit, die erklärt, weil wir nichts wüßten, hätten wir auch niemals etwas zu wissen, hat er sich selbst zu verleugnen: er hat ein Dummkopf zu sein, dem nichts einfällt, dem es bestenfalls erlaubt wird, die Existenz der Dinge zu konstatieren. Im Namen der Wahrheit hat er die größte aller Lügen auszusprechen: die Lüge, es gäbe ihn überhaupt nicht. Die logische Konsequenz der Leugnung des Erzählers ist die Leugnung des Schriftstellers. Die Negation von Held, Handlung und Thema ist die Negation des Mannes, der schreibt. Es gibt eine uralte Übereinkunft zwischen dem Erzähler und seinen Zuhörern; sie besteht darin, daß die Zuhörer wissen, daß es den Erzähler gibt. Weil die Erzähler viele Lügen erzählen und weil die Zuhörer manche dieser Lügen glauben, soll nun die uralte Übereinkunft zerbrochen werden. Aber man kann nicht die Lügen der Erzähler aus der Welt schaffen, indem man eine neue, faustdicke und sehr dumme Lüge erfindet: die Behauptung, es gäbe den Erzähler gar nicht. Denn es gibt ihn. Noch der einfachste Leser weiß, daß es ihn gibt. Und noch der subtilste Leser weiß, daß es eine letzte und äußerste Realität der Literatur gibt: den Menschen, der schreibt und den, der liest.

Max Frisch, den Sie vorhin angeführt haben, ist ein gutes Beispiel dafür, wie man heute erzählen kann. Seine Qualität liegt nicht darin, daß er die Tagebuch- und die Ich-Form benutzt, sondern darin, daß er *zweifelnd* erzählt. Er versteht es unnachahmlich, seine Leser in den Prozeß seiner Erfindung einzubeziehen. Er bittet sie, seine Erwägungen und Reflexionen zu bedenken. Er fordert sie auf, alles zu bezweifeln, was er sagt. Aber niemals wäre er bereit, auf das Erzählen zu verzichten oder zu verleugnen, daß er, Max Frisch, es ist, der erzählt.

[...]

38 Jürgen Becker: Gegen die Erhaltung des literarischen status quo (1964)

Kaum erscheint noch ein Roman von Rang, dem nicht anhaftet der Makel eines partiellen oder auch gründlichen Mißlingens. Dabei ist die Kritik, der solches Mißlingen ins Auge fällt, zumeist sich einig, daß die erzählerischen Talente des betroffenen Schreibers außer Frage stehen: er hätte bloß mehr Ökonomie walten

lassen, seine Figuren kenntlicher modellieren, Grammatik und
Zeichensetzung weniger vergewaltigen und besser auch die Handlung nicht so, sondern so herum führen sollen. Keinen Gedanken
indessen verschwendet die Kritik daran, daß der objektive Stand
der Gattung vielleicht nur ein Scheitern noch zuläßt; daß der
Begriff vom Roman zwar in den Köpfen noch sitzt, seine Voraussetzungen dagegen mit dem Bürgertum, in dessen Epoche er sie
fand und als dessen Ausdruck er gilt, verschwunden sind. Auch
nicht fragt die Kritik, was dem Romanschreiber heute geboten
sei: entweder aufs Fabulieren zu verzichten, oder Romantexte
zu versuchen, welche die Fähigkeit der Gattung, sich fortwährend
zu verändern und so die Verdikte der Geschichte zu widerrufen,
demonstrieren. [...]

Soll im Roman die Sprache, indem sie mit den Gegenständen
sich einläßt, nicht selber zum Ding geraten, hat ihr System sich
kritischen Eingriffen auszusetzen. Helmut Heißenbüttel, in seinen theoretischen Schriften, hat nachgewiesen, daß unsere Verständnisweise der Wirklichkeit bereits vorbestimmt ist durch
das syntaktische System unserer Sprache: notwendig interpretiert sie, und zwar als literarisches Medium der Erkenntnis, nicht
länger ein Heute, das ihr fortwährend davongeht und zugleich
ihr sich anbiedert, das bestimmt ist vom unaufhörlichen Wechsel
der Augenblicke und zugleich von der Sturheit der Verhältnisse.
Sowenig der Romanschreiber es sich gestatten kann, solche vorgeprägte Verständnisweise, die aus jeder unreflektierten Redewendung hervorschaut, zu verfestigen, sowenig naiv vermag er
noch seine Worte zu setzen. Konsequenzen freilich, wie etwa
Heißenbüttel sie gezogen hat, leuchten nicht so ein, daß ein jeder
sie zieht. Dem Romanschreiber, will er nicht gleich die ganze
Gattung fahren lassen, sind in der Verselbständigung der sprachlichen Mittel Grenzen gesetzt; zumeist zeigt er nicht einmal Neigung, sein doch erstes Material, die Sprache, kritischen Überlegungen und Verfahren auszusetzen. Das Verhältnis zwischen
Subjekt und Objekt, zwischen Erzähler und den Materialien des
Erzählens scheint ihm soweit intakt, daß er getrost in seine erzählerischen Kategorien glaubt einsteigen zu können. So behende
er dann die Perspektiven wechseln, so beharrlich er die Mühlen
des inneren Monologs bewegen und so progressiv er drei Erzähler gleich aufs Thema loslassen mag: seine Intention unterscheidet

sich in nichts von der eines Oldtime-Epikers, eine Geschichte zu erzählen. Geschichtenerzählen, so es die Vorstellung von einem wortmächtigen Manne wachruft, der in Kenntnis besonderer Vorfälle und Ereignisse in einen Kreis aufmerksam Lauschender tritt und diesen vorträgt, was sie nicht wissen aber wissen sollten, erscheint indessen anachronistisch; eine zeitgenössische Erzählweise gibt darum vorab zu erkennen, wie bezweifelbar die Besonderheit des Erzählten ist, daß die Übermacht und Anonymität des Realen jede erzählbare Geschichte vom Einzelfall zu dementieren droht. Jenen Medien sich anpassend, die ihm mit der Funktion des Informierens, des Unterhaltens, des Unterrichtens und des Kommentierens zugleich die Themen und Gegenstände entzogen haben, nennen Romanschreiber ihr Tun gern Berichten. Was zu berichten sich lohnt, weiß zwar wiederum besser jede Nachrichtenredaktion; indessen versteht sich der Roman – Michel Butor kann das genau sagen – als „eine besondere Form des Berichtens". Solch besondere Form unterscheidet sich von der nichtliterarischen in dem, worin der Romanschreiber bis auf den Tag sein Privileg gefunden hat, nämlich in der Fiktion. Was immer er berichtend vorträgt: seine Geschichte muß kein reales Modell nachweisen; sie ist erfunden und gibt sich als die literarische Form der Lüge zu erkennen. Widerrufen aber ist noch immer nicht jenes Verdikt, das Thomas Mann im „Doktor Faustus" dem Teufel in den Mund legt: „Werk, Zeit und Schein, sie sind eins, zusammen verfallen sie der Kritik. Sie erträgt Schein und Spiel nicht mehr, die Fiktion, die Selbstherrlichkeit der Form, die die Leidenschaften, das Menschenleid zensuriert, in Rollen aufteilt, in Bilder überträgt. Zulässig ist allein noch der nicht fiktive, der nicht verspielte, der unverstellte und unverklärte Ausdruck des Leidens in seinem realen Augenblick. Seine Ohnmacht und Not sind so angewachsen, daß kein scheinhaftes Spiel mehr damit erlaubt ist."

Noch haben diese Worte kein „scheinhaftes Spiel" von der literarischen Tagesordnung streichen können; gleichwohl zeigen sich heute erzählerische Gebilde bemüht, ihren Fiktionscharakter zu tarnen. Der Anspruch, mit seiner Fiktion ein Modell für Wahrheit vorzuführen, nötigt den Romanschreiber in den privaten Erfahrungsbereich, ins Bewußtsein von den herrschenden Verhältnissen, zur Kenntnis realer Machenschaften und Einrichtungen. Er steigt in die Rolle des Rechercheurs ein; er durchsetzt seine Erfindungen mit Dokumenten und Fakten; er zitiert die Wirklichkeit, um – so begründet das Michel Butor – „den Anschein des Wirklichen zu erwecken". Werden seine Fiktionen damit wahrscheinlicher? Entgegen der Ansicht Michel Butors, und entgegen auch der These Heinrich Bölls, der Schriftsteller sei der Realität gegenüber nicht beweispflichtig, wird das, was er vorträgt, in jedem Fall überprüfbar. Seine vorgewiesenen Sach- und Ortskenntnisse setzen die Sachen und Orte, von denen in seinem Text die Rede ist, dem Anspruch unbedingter Stimmigkeit aus; anders sitzt der Leser informatorischem Schwindel auf, zum Beispiel, wenn Alfred Andersch in seiner Erzählung „Opferung eines Widders" seinen Helden „auf die roten Leuchtbuchstaben der großen Brauerei Wulle in Dellbrück" blicken läßt, in welchem Kölner Vorort aber weder eine Brauerei noch dieser Name ansässig ist. Selbst die äußerste Faktentreue erhält nichtsdestoweniger den fiktiven Charakter des Romans, gar noch, sofern sie keine Kritik an den Erscheinungen impliziert, erklärt sie seinen Konformismus mit dem Sinn, der an den Erscheinungen haftet. Nicht oft wird das Dilemma des Schreibers: der Widerspruch zwischen subjektiver Erfindung und objektiven Gegebenheiten so offen vorgewiesen wie in Uwe Johnsons Prosa „Berliner Stadtbahn", worin er solche Sätze schreibt: „Der Verfasser sollte zugeben, daß er erfunden hat, was er vorbringt, er sollte nicht verschweigen, daß seine Informationen lückenhaft sind und ungenau. Denn er verlangt Geld für was er anbietet. Dies eingestehen kann er, indem er etwa die schwierige Suche nach der Wahrheit ausdrücklich vorführt, indem er seine Auffassung des Geschehens mit der seiner Personen vergleicht und relativiert, indem er ausläßt, was er nicht wissen kann, indem er nicht für reine Kunst ausgibt, was noch ein Akt der Wahrheitsfindung ist." Konsequent drückt sich in Johnsons Büchern das Suchen nach Wahrheit, das Zweifeln sowohl am Erfundenen wie am Gegebenen, in der Schreibweise und in der Gestalt der Texte selber aus. In seinem „Dritten Buch über Achim" ist das Versagen der erzählerischen Kategorien vor der zeitgenössischen Realität bereits thematisch geworden. Der sich seiner Darstellung fortwährend entziehende Gegenstand wird nur dadurch noch erfaßt, daß ihre Methoden, ihre Versuche, Fortschritte, Irrwege, ihr schließliches Mißlingen selber demonstriert werden. So sinnfällig und so erfinderisch Johnsons Methode erscheint: sie sollte nicht den Fortschrittsglauben all jener wecken, denen doch nur an der Erhaltung des literarischen status quo gelegen ist. Kaum waren die Schwierigkeiten mit der Wahrheitssuche so gemeint, daß sie dem Romanschreiben nun die neuen Muster schenkten. Was als Dilemma sich äußert, möchte sich weder im Reglement verfestigt noch zur Konvention verkommen sehen. Schon hat sich ja, in seinem „Herrn Meister", Walter Jens daran versucht, die Unmöglichkeit des Romanschreibens ins Stadium der Virtuosität zu leiten. Was im Falle Johnson der Gegenstand des Romans selbst notwendig konstituiert, erscheint im Falle Jens als akademisches Werkstattselbstgespräch eines Romanciers, dem zwar die Felle fortgeschwommen, nicht aber die rhetorischen Talente ausgegangen sind. Wohl sieht es mit den Worten Thomas Manns immer noch „so aus, als ob auf dem Gebiet des Romans nur noch das in Betracht käme, was kein Roman mehr ist"; indessen möchten diese Worte kaum zur Stilisierung eines Dilemmas einladen, ebensowenig wie der in die Geschichte rückwirkende Satz „Vielleicht war es immer so" intendiert, daß immer es auch so zu bleiben habe. Vielmehr gilt es, jene Impulse weiterzuführen, die, indem sie den Ruin der erzählerischen Kategorien betreiben, dem literarisch Neuen vorarbeiten. Peter Weiss zum Beispiel, in seinem irrtümlich als Roman bezeichneten Buch „Fluchtpunkt", kann sich „keine abgesonderten Kunstwerke denken, nur einen unmittelbaren Ausdruck für eine gegenwärtige Situation, für eine fortlaufende Veränderung und Umwertung, und deshalb gäbe es nur ein Journalführen ... (für ihn), ein Aufzeichnen von Notizen, Skizzen, Bildstadien, vielleicht durchmischt mit Improvisationen musikalischer, dramatischer Art, doch nie diese Bremsklötze eines Romans, eines durchgeführten Bildes". Nicht vom Neuen ist hier die Rede, aber vom subjektiven Ausdrucksverlangen, das in jedem literarischen Kunstwerk verborgen liegt. Daß unvermittelt es frei und zu Wort kommt, verhindern jene Kategorien, die den sprachlichen und erzählerischen Zusammenhang des Romans garantieren. Deren Zerstörung schafft weder tabula rasa noch führt sie ins Paradies des bedeutungslosen Sprechens; aber sie hilft mit den Worten Malcolm Lowrys das realisieren, „was niemals niedergeschrieben wird, und was die tatsächlichen Impulse birgt, aus denen heraus jemand überhaupt zunächst Romancier oder Dramatiker wird". Solche Impulse gehen noch in die vorgeprägten erzählerischen Modellformen ein; wirksam und kenntlich werden sie in deren Rissen, Brüchen und Übergängen. Nicht die Verkleidungen des Romans, sein Äußerliches, seine Fiktionen und Handlungsverläufe künden von den Erfahrungen, die das Individuum seinen Ausdruck suchen lassen. Erst jenseits des Romans findet das Schreiben den Sinn des Authentischen; erst seine aufgelösten Kategorien entlassen den utopischen Text, der jedem Roman schon eingeschrieben ist.

39 ALBERT PARIS GÜTERSLOH: Der innere Erdteil. Aus den "Wörterbüchern" (1966)

Roman

[...] Die Technik des Romans ist die artistische *par excellence;* weswegen sie – wir können dies bedauern, aber nicht leugnen – Totalitätsanspruch erhebt, welchen Anspruch alle andern Techniken auch bereits anerkannt haben oder über kurz oder lang werden anerkennen müssen. Der Roman ist, in Nietzsches dramatischem Bild vom platonischen Dialog, dem Vor-Bild des Romans, "der Kahn, auf dem die schiffbrüchige ältere Poesie samt ihren Kindern sich rettete". Wer das Aug' nicht für die eigene Tragik verschließt, wer nicht glücklicher, nicht begabter, nicht "klassischer" sein will, als sein Äon sein kann, wird nun mit Wehmut vielleicht ob des Abschiednehmen-Müssens von vielen liebgewordenen Substraten begreifen, daß die Technik des Romans nur dort applikabel ist, wo mit der Technik überhaupt auf peinlichst gleiche Höhe und auf dem Du- und Bocksfuße gestanden wird; wo man ihr Schicksal zu dem eigenen gemacht hat; wo man mit ihr steht oder fällt; ja, auch fallen will, weil ohne ihre selbstverständlichen Wunder das Leben wieder mysteriös würde und also nicht mehr lebenswert wäre; wo man nicht mehr an Gott, sondern an den Atheismus glaubt, aber mit derselben Inbrunst. Den von der Romankunst dargestellten Leuten darf die Grundbedingung ihres Lebens, ihres So-und-nicht-anders-

Leben-Wollens, natürlich nie zu Bewußtsein steigen. Zu dieser Grundbedingung muß der mit einer dauernd starken Schlagseite zu Kritik dahinsegelnde platonische Kahn, will er nicht scheitern, distinkten Abstand wahren. Das dezidiert Bewußte und das bewußt Dezidierte gehen gegen den Strich des Romans, der, bei seinem Begriffe zu bleiben, unerschütterlich fest auf der Ergriffenheitsstufe stehen muß, die ihn geboren, mit Totalität ausgestattet und zu einer Alleinherrschaft erhoben hat, wie sie noch niemals von einer Kunstgattung ausgeübt worden ist. Jetzt ist es an der Zeit, das Wesen dieser innerhalb der Christenheit bis nun nicht dagewesenen Ergriffenheitsstufe zu verraten: Gesamthaltung gewordene Undezidiertheit. Solange jenes allgemeine, in den Demokratien auch gesetzlich festgelegte Sich-nicht-entscheiden-Können oder -Wollen, das, wir sind versucht, zu sagen, pathogene Vorrecht einiger Weniger gewesen ist – was wissen wir von den Dummköpfen etwa der Zeit Bernhards von Clairvaux? –; solange nur eine rechtlose ungeheure Mehrheit die Masse von heute, diese heute allein rechtsetzende juristische Person, vertreten hat – was wissen wir von der Helotenschaft Spartas, von den Sklavenheeren Roms? –; solange es das furchtbare Phänomen einer perennierten Gegenwart, des einen Tages, der zu einem seiner Augenblicke sagt: Verweile doch, du bist so schön (und das einzige Vehikel, unser aller Rollen ins Gericht zu verzögern!), noch nicht gegeben hat, nur ein Gestern und ein Morgen, zwischen denen nichts als der ethische Blitz vermittelte; nur eine nächste Vergangenheit und eine nächste Zukunft, nichts dazwischen, welche zwei an dem Menschen zogen wie die Rosse an den Magdeburger Halbkugeln, und dieser Mensch kaum mehr war als Widerstand gegen das Zerrissenwerden und Drang, zu erplatzen: solange also alles wie beschrieben gewesen, ist in dem einzig erleuchteten Blickfeldstreifen der historischen Nacht nur der Dezidierte gestanden, Held, Dichter, Heiliger, Philosoph, der allein dadurch schon ein Dezidierter war, daß er mit vollstimmiger, neidloser Zustimmung der Recht- oder Namenlosen von eben diesen gründlich sich unterschied, ohne, verzinsend gleichsam die Übereinstimmung mit dem göttlichen Willen zu unüberbrückbarer Kluft zwischen gleichen gottebenbildlichen Wesen – er täte denn ein Übriges, aber auch dieses nur auf seiner nicht überschreitbaren Ergriffenheitsstufe, wie des Kaisers Vetter, der Graf von Aquin, der zum Bettelmönch Thomas geworden ist – das menschliche Gerechtigkeitsgefühl entgegenzusetzen, das russische Herz, das soziale Gewissen; ja, ohne auch nur zu ahnen, daß solche anfangs heilsamen, später unbedingt tödlichen Gifte überhaupt gewonnen werden können, hatte der Roman wegen des noch Fehlens des gar nicht Gedachtwerden-Könnens der ihn konstituierenden Totalität, die Hoch und Nieder, Reich und Arm, Fromm wie Unfromm, Revolutionäre wie Konterrevolutionäre im selben Ausmaß säkularisieren wird, keine Stätte.

Über unsere Aufgabe in einem literarischen Leben, das es vielleicht wieder geben wird, nachdenkend, kommen wir dahin, sie im Verbreiten von Unsicherheit zu sehen. Wir zum Beispiel versprechen einen Roman, verfassen einen solchen auch, so gut wir können, das heißt soviel wie: besser denn gemeiniglich gekonnt wird, lassen aber keinen, der nur einigermaßen auf unseres Handwerks Finesse und Symbolik sich versteht, im Zweifel darüber, daß die Tafel, die wir so präzis bemalen, nicht die letzte Wand ist, davor unser Vermögen, zur Schöpfung zu gelangen, und dahinter das der Schöpfung, zu uns zu gelangen, resignieren. Wir bekennen offen, und sind uns der Bedeutung unseres Credo voll bewußt, daß eines Romanes Anfang ein zufälliger ist und sein muß, und daß sein Ende unendlich weit hinausgeschoben werden kann und soll; keinesfalls hat er ein solches notwendig in sich, nur die Müdigkeit oder der Tod des Autors setzen es. Was nun die ihm eigentümliche Breite anlangt, sein mähliches Sichergießen in die Runde, das den ursprünglich pfeilgerechten Ablauf zu einem dem Weltumfang gleichen Kreise krümmt, so ist zu sagen, daß an die Peripherie auch der sie Beschreibende nie gelangt: des Lebens Weitschweifigkeit kann gar nicht abgesehen, sein dauerndes seitliches Ausbiegen vor dem Sog zu einem Ende in der Zeit nicht vorausgewußt, seine galoppierende Flucht auf dem Kreuzer aus dem Gulden nicht verhindert werden. Es macht also die in unserer Physik begründete Schwäche die Unmöglichkeit eines rein physikalischen Naturalismus offenbar: Versuche, das Beilager des Begriffs mit einer astronomischen Zahl zu schildern, zu schildern bis zum unvermeidlichen Abortdeckel, den der also Schreibende auf sein Tintenfaß legt, scheitern auf der tausendsten Seite Buchs und Lebens genau so früh, wie spät auf der dreihundertsten oder zweiten, wenn der schon *ab initio* schiffbrüchige Autor einsichtig und gütig genug gewesen wäre, es bei der oder jener bewenden zu lassen.

40 REINHARD BAUMGART: Aussichten des Romans oder Hat Literatur Zukunft? Frankfurter Vorlesungen (1968)

1. Was leisten Fiktionen?

[...] wer treu so viel 19. Jahrhundert nachempfindet, daß er wie dieses den Roman noch immer für Spiegelbild und Abschrift von auswärtiger Wirklichkeit hält, für realistisch in diesem unkritischen Kindersinn, der wird kaum einsehen, warum realistisches Erzählen keine oder doch fragwürdige Aussichten haben sollte. Es gibt solche Leser, solche Kritiker. Sie warten von Jahrzehnt zu Jahrzehnt auf einen neuen Tolstoi oder mindestens Stendhal und halten es dann für ihr und unser historisches Pech, wenn ihnen keiner erscheint.

Ich dagegen möchte zuammenfassen und im voraus behaupten: daß der realistische Roman, so wie er bisher vorzufinden ist, zwar scheinbar Tatsachen mitteilt, aber es sind doch nur erfundene, daß diese Tatsächlichkeit nur die Form, genauer: eine Formalität seines Sich-Mitteilens ist, genau das bringt ihn heute in Verlegenheit. Seine Fiktionen, die ihm doch ästhetische Autonomie erst garantieren, trauen sich längst nicht mehr die Überzeugungskraft zu wie vor hundert Jahren. Die Freiheit des Erfindens, vor allem das, was früher Fabulieren genannt wurde, schrumpft von Jahrzehnt zu Jahrzehnt, oder aber sie wird bodenlos, das heißt phantastisch. Doch von den Erzähltraditionen, die sich von Poe bis Borges oder von Vulpius bis zum Batman ziehen und sicher auch fortsetzen werden, vom phantastischen Erzählen ist hier nicht die Rede. Aussichten des Romans, das sollte von vornherein auch heißen: Aussichten des Realismus.

Zunächst wäre noch weiter zu fragen: wie frei waren die alten Romanfiktionen? Sicher, ein Roman erfindet das nie so Geschehene, etwas vor ihm Unbekanntes, doch er kann ebenso sicher nicht uferlos und querfeldein erfinden, also eine beliebige Summe erzählender Sätze sein. Frei ist er nicht etwa nur in den Grenzen der Semantik und Grammatik, ihn bindet auch seine Optik, oder, mit einem vertrauteren Begriff: seine Perspektive. Das heißt zunächst nur: er fertigt immer nur Ausschnitte von Welt an, schon insofern ist er nicht Mythos. Selbst sein Stoff ist schon etwas Ausgewähltes und Organisiertes, also nie Rohstoff.

Daß ein Roman überhaupt anfängt und aufhört, zeigt schon, wie rigoros er auswählt und ausläßt. Wie Scheinwerferlicht schlägt der erste Satz in vollkommenes Dunkel. Was hätte in unserer Erfahrung vergleichsweise so deutlich Anfang und Ende wie Romane? Nicht einmal eine Geburt geschieht so jäh, ist so ohne Vorgeschichte wie der erste Romansatz. Kein Bewußtsein erwacht so ohne Übergang. Nicht einmal der Tod beendet einen Lebenslauf so endgültig wie der Roman seinen Vortrag, denn nach dem Tod beginnt ein Nachleben, kürzer oder länger, die Legende einer Person, die sie womöglich bedeutender macht, als sie gewesen ist, und ähnlich setzt sich auch ein Roman fort im Nachdenken dessen, der ihn gelesen hat. Sein Ende auf der letzten Seite ist so fiktiv wie er selbst.

In allen seinen Teilen, aber erst recht als Ganzes ist der Roman also nur ein Fragment des Geschehens, das er zu erzählen vorgibt. Nicht dieses Geschehen bekommen wir eigentlich zu sehen, nur die Geschichte, den Tausendfüßler aus Sätzen. Der ganze Tausendfüßler, der ganze Roman ist nur eine Abstraktion, ein Begriff. Sehen können wir immer nur einzelne Füße, lesen nur einzelne Sätze, die Ausschnitte aus dem Ausschnitt. [...]

3. Theorie einer dokumentarischen Literatur

[...] Eine neue Phase des Romans, falls damit eine neue beginnt, würde einsetzen mit einer Entzauberung, der vergleichbar, die im „Don Quijote" den neueren Roman eröffnet hat. Damals wurde dem feudalen Helden der repräsentative Anspruch entzogen, jetzt dem bürgerlichen Individuum, einer anderen lange stichhaltigen, aber ebenso historischen, also durchaus nicht unvergänglichen Interpretation des Menschenwesens. Erzählen als „etwas *Besonderes* zu sagen haben", darin wird Adorno Recht behalten, verliert mehr und mehr an Glaubwürdigkeit in der „verwalteten Welt", deren „Standardisierung und Immergleichheit" das Besondere, Individuelle an Personen wie an Erfahrungen schon auslöscht. Vor allem für den herkömmlichen Begriff des Helden sind daher destruktive Folgen zu erwarten. Immer weniger taugt schon heute als Protagonist der unglaubwürdig und feierlich Vereinzelte, der fremd gegen die ihn umgebende Welt andenkt, anhandelt, anempfindet, eher der ins kommune Bewußtsein und seinen Jargon Getauchte. Solche Figuren repräsentieren freilich nicht mehr wie früher beispielhafte Literatur-Individuen, Werther oder Sorel oder Stechlin, das Progressive einer Gesellschaft oder Klasse oder gar ihre utopische Dimension. Ihre Bedeutung kann sich keineswegs darauf berufen, daß sie als Elite voraus wären, sondern im Gegenteil nur darauf, daß sie grau für den Durchschnitt stehen. Gesellschaftliches tritt durch sie sozusagen amoralisch, jedenfalls absichtslos an die Oberfläche. Manfred Schmidt heißt folgerichtig bei Alexander Kluge der flaue Anti-Held einer zeitgenössischen Geschichte.

Erfahrung nämlich, individuelle Erfahrung, die herkömmliche Erzählungen trug, wird ratlos in der von Informationen eher verdeckten Welt. „Jeder Morgen", schrieb schon Benjamin, „unterrichtet uns über die Neuigkeiten des Erdkreises. Und doch sind wir an merkwürdigen Geschichten arm. Das kommt, weil uns keine Begebenheit mehr erreicht, die nicht mit Erklärungen schon durchsetzt wäre. Mit anderen Worten: beinahe nichts mehr, was geschieht, kommt der Erzählung, beinahe alles der Information zugute." Woraus schon zu schließen wäre, daß die neue Erzählung, will sie überhaupt überdauern, die durch Information angelieferte, die gründlich vermittelte Welt in sich einschließen müßte.

Das heute verfügbare und sich immer beschleunigter ausbreitende Wissen ist individueller Erfahrbarkeit längst entlaufen, die vorrätige Welterklärung erklärt dem einzelnen fast nichts, auch die schon denkbare Weltvernichtung durch die neuen Bomben überspringt seine Vorstellung. Selbst schlichte, fast alltägliche Situationen zeigen, wie unpraktisch und nutzlos gerade dem Informierten die technisch beherrschte und wissenschaftlich interpretierte Realität geworden ist. Schon im „Zauberberg" steht Hans Castorp vor dem toten Joachim Ziemßen und spürt „über seine Wangen die Tränen laufen ..., dies alkalisch-salzige Drüsenprodukt, das die Nervenerschütterung durchdringenden Schmerzes, physischen wie seelischen Schmerzes, unserem Körper abpreßt. Er wußte, es sei auch etwas Muzin und Eiweiß drin". Er weiß es, doch als Erlebender kann er für seine leib-seelische Privathistorie daraus wenig Gewinn schlagen. Auch ein IBM-Mann, wenn seine Niere aussetzt oder seine Frau vor ein Auto fällt, empfindet vermutlich Schicksal und denkt nicht an stochastische Reihen. Zahlen über die jüngste indische Hungersnot trüben dem empfindlichsten Engagierten kaum den abendlichen Appetit. So gründlich haben sich objektive Welt und private Erfahrung auseinandergelebt, daß sich das isolierte Ich schon wieder als fensterlose Monade empfindet, beklagt oder feiert. „Erfahrung", sagt folglich Max Frisch – und ein solcher Satz wäre vor Jahrzehnten noch kaum verstanden worden –, „Erfahrung ist ein Einfall". Privateste Mythologie, wie eben im „Gantenbein", läßt sich aus ihr und ihren Einfällen noch inszenieren. Sie und damit das alte Geschichtenerzählen ist zum Instrument existentieller Tarnspiele und Schnitzeljagden geworden.

Realisten, und zwar als Stückeschreiber, Lyriker so gut wie als Erzähler, setzen heute eher auf die Härte banaler Alltagsmomente, die sich einer kontinuierlichen Entwicklung und erst recht einem Sinnträchtigkeit abwerfenden Zuammenbau widersetzen. Arno Schmidt hat das so ausgedrückt: „Die Ereignisse unseres Lebens springen vielmehr. Auf dem Bindfaden der Bedeutungslosigkeit, der allgegenwärtigen langen Weile, ist die Perlenkette kleinerer Erlebniseinheiten, innerer und äußerer, aufgereiht. Von Mitternacht zu Mitternacht ist gar nicht ‚1 Tag', sondern 1440 Minuten (und von diesen wiederum sind höchstens fünfzig belangvoll!)." Eine Erzählung, die daraus Konsequenzen ziehen will, könnte sich keiner Fabel mehr ernsthaft anvertrauen. Sie wird, und das tut nicht nur Arno Schmidt, alle gelebte Zufälligkeit in sich einlassen und schon damit alles voreilig Bedeutungsvolle aus sich austreiben.

Nicht mehr Erfindung regiert solches Erzählen, die runden Figuren, die immer nur gerundete waren, sterben aus, ebenso das Interesse am taktischen Schema von Exposition, Konflikt, Katastrophe, Lösung. Was die erfundenen Tatsachen einmal versprochen haben, eine gespiegelte, von Zufällen gereinigte Illusionswirklichkeit, das konnte nur ein symbolisches und individualisierendes Erzählen leisten. Nun aber wird Sprache, nach Heißenbüttel, „nicht mehr symbolisch, sondern wörtlich verwendet. Literatur erfindet dann nicht, sie rekapituliert. Sie rekapituliert Fakten ..., sie rekapituliert Zusammenhänge und Interpretationen, die bereits formuliert sind ..." – also, wieder mit einem Wort: sie verfährt dokumentarisch.

Dokumentarische Gesten finden sich zwar auch in älteren Romanen, der ja gern Hausinventare, Kleidungsstücke, Ahnenreihen, Stadtbilder archivalisch überlieferte. Doch auch solche Passagen gehorchten nur der Spielregel, möglichst wahrscheinliche Illusion herzustellen. Es blieb bei Beschreibung, es blieb beim fiktiven Bericht, unverrückbar war die Distanz des Geschichtenerfinders zu den erfundenen Gegenständen.

Eine Erzählung dagegen, deren wesentliches Mittel und Merkmal Sprachreproduktion ist, zieht eben diese Distanz ein. Wörter werden da nicht nur als Zeichen für irgendein Gemeintes gebraucht, sie selbst können Realien sein. Was der Ich-Roman mit seinen infinitesimalen Selbsterforschungen aufgezehrt zu haben schien, erscheint also wieder: eine epische Gegenständlichkeit – aber verdient sie noch diesen alten Namen? Was sich da an Sprach-, an Denk- und Gefühlsrepertoires ausbreitet, ganz gleich ob bei Arno Schmidt oder Wright Morris oder Nathalie Sarraute, ist ja durchaus nicht heile Natur, sondern Welt aus zweiter oder dritter Hand, sprachlich vermittelt, ja klischiert, ist als Jargon selbst schon verdinglicht: Produkt. Das zitierte Bewußtsein enthält fast immer nur den Abhub des Vorgedachten, scheint also Karl Kraus recht zu geben, der früh vermutet hat, „daß die Ereignisse sich gar nicht mehr ereignen, sondern daß die Klischees selbständig fortarbeiten". Jene Kulturkritik, die wohlhabend mit ihrer Erinnerung an alte, angeblich glücklichere Kulturen spekuliert, mag das nobel beklagen. Zeitgenössische Erzählungen können vorerst nicht mehr als es demonstrieren.

Denn im Gestus des „Es war einmal", der, wie Thomas Mann sagt, „raunenden Beschwörung des Imperfekts", das ferne Merkwürdigkeiten zugleich nah machte und ordnete, läßt sich heute vertrauenswürdig kaum noch erzählen. Arno Schmidt, genau wie früher schon Faulkner oder Céline, erinnert eher an die spontane, ungeordnete, monoton ausschweifende mündliche Alltagserzählung, dieses schlingernde Gerede am Stammtisch, in Eisenbahnabteilen, in der Wohnküche. Kluge wiederum nutzt für seine „Lebensläufe" Muster des juristischen oder soziologischen Protokolls und der Verhaltensforschung. Wie Tonbandschnitte sehen manche Texte von Queneau oder Pinget aus. So bilden sich langsam neue Vortragsarten, die nicht mehr aus der literarischen Tradition stammen, sondern aus der Lebenspraxis selbst hergeliehen sind, auf die sie dann wieder angesetzt werden, die sie schon deshalb nicht mehr auf ästhetische Distanz halten. [...]

Rechnen wir nach: wenn die dokumentarische Literatur fortschreitet, so wird das, habe ich behauptet, die Erzählung ihren traditionellen Illusionismus kosten – der ihr ohnehin schon eine Verlegenheit war –, auch die Fabel, die Kategorie des Individuums und der individuellen Erfahrung –, was alles sie seit Henry James, Virginia Woolf, Proust schon in sich selbst zersetzt hatte. Sie gewinnt dafür, fast unverhofft, eine neue Objektivität, eine wortwörtliche, keine symbolische. Mit einem Wort: sie pariert jene immer noch fortschreitende Verdinglichung menschlicher Beziehungen, die längst auch die Sprache erfaßt hat und über die erzählende Rede keine Verfügungsmacht mehr vortäuschen kann.

Richtig bleibt zwar, was Adorno sagt: „Will der Roman seinem realistischen Erbe treu bleiben und sagen, wie es wirklich ist, so muß er auf einen Realismus verzichten, der, indem er die Fassade reproduziert, nur dieser bei ihrem Täuschungsgeschäfte hilft." Doch sobald, wie in der möglicherweise nun beginnenden Literatur, die Fassade Fassade genannt wird und nicht etwa für das Ganze steht, wenn Sprache nicht mehr als Instrument zur Errichtung erzählter Fiktionen gebraucht wird, sondern sich selbst, ihren und der Zeit Zustand ausspricht, dann täuscht sie nicht mehr, dann demonstriert sie, was ist. [...]

41 WOLFGANG HILDESHEIMER: Frankfurter Vorlesungen (1969)

1. Die Wirklichkeit des Absurden

[...] Becketts Berichte nennen sich Romane. Wenn man unter Roman einfach die literarische Großform versteht, so trifft die Bezeichnung zu, sie trifft auch für Henry James' Definition zu, für den der Roman „die freieste und elastischste aller literarischen Formen" ist. Aber ich glaube, daß weder Beckett auf der Bezeichnung besteht, noch daß Leser, deren Begriffe sich an den bestehenden Formen geprägt haben, diese Berichte als Romane anerkennen würden. Becketts durchgehender Erzählstrom setzt nicht Wirklichkeit voraus, sondern stellt sie her. Er benutzt nicht das Inventarium des Romans, sondern baut neue Räume auf. Im Hintergrund steht nicht der Romancier, der, wenn auch engagiert, mehr oder minder souverän über seine Gestalten disponiert und so seine Thesen verteilt, sondern vielmehr ein subjektives, extrem engagiertes Ich, das über keine Thesen verfügt, da es selbst eine ist.

Ich möchte Adornos Wort, daß nach Auschwitz ein Gedicht zu schreiben barbarisch sei, in sein Gegenteil verkehren, nämlich, daß nach Auschwitz *nur* noch das Gedicht möglich sei, dazu allerdings auch die dem Gedicht verwandte „absurde Prosa". Ich möchte weiterhin behaupten, daß nach Auschwitz der Roman nicht mehr möglich sei. Auschwitz und ähnliche Stätten haben das menschliche Bewußtsein erweitert, sie haben ihm eine Dimension hinzugefügt, die vorher kaum als Möglichkeit bestand. Diese Dimension zu berücksichtigen, steht nicht in der Macht des Romans – übrigens auch nicht des Theaterstückes, auch nicht des dokumentarischen Theaterstückes. Aber die Wirklichkeit ist andrerseits ohne diese Dimension nicht mehr denkbar und – wenn sie überhaupt jemals darstellbar war – nicht mehr darstellbar. Das Gedicht aber und jene Romane, die Eich zu den Gedichten zählt, also Beckett, stellen Wirklichkeit her, schaffen sie also nicht aus jenem präfabrizierten Material, in dem Auschwitz vielleicht nicht enthalten ist, sondern aus Elementen des Bewußtseins, in dem die Dimension Auschwitz enthalten ist, oder vielmehr, enthalten sein sollte: ich spreche nicht von allen Gedichten. Und wenn sie im Bewußtsein nicht enthalten ist, so ist sie ins Unterbewußtsein gesunken, sie gehört zum inneren Mikrokosmos des Dichters. Er kann – oder sollte – sich auf diese Dimension verlassen. Sie ist in Celans „Todesfuge" und Ingeborg Bachmanns Gedicht „Früher Mittag" ebenso enthalten wie in Enzensbergers „Schläferung" und Günter Eichs Einzeilen-Gedichten, jenen Beispielen verwirklichter dichterischer Freiheit, die er „Formeln" nennt. Nicht nur Grauen also, sondern auch Flucht und blitzartige Ausblicke auf die furchterregende Instabilität der Welt, das Absurde.

Aber der Roman bagatellisiert diese Dimension, indem er sie

schweigend übergeht oder Teil-Aspekte behandelt wie das geteilte Deutschland oder die Unzulänglichkeit seiner Kirche. Das sind Ausschnitte, über denen der Leser die Wirklichkeit aus dem Auge verliert.

Ich darf annehmen, daß ich mich deutlich gemacht habe. Ich trete nicht für den Konzentrationslagerroman ein, nicht für den Roman über Kollektivschuld und Sühne, auch das wären Teilaspekte, sondern für das weite Panorama eines an allen Schrecken und Grauen, an aller Tragik und Komik des Lebens geschulten Bewußtseins, und dafür kann der Roman nicht der Ort sein, denn er konstruiert den Einzelfall und bietet ihn dem Leser zur Identifikation an. Und der Leser, der in bestimmten Zeitabständen auf neue fiktive Konstruktionen seines Autors wartet, wird dann das neuerschienene Werk nicht zuletzt danach beurteilen, inwieweit auch diesmal wieder die Darstellung des Teil-Aspektes seiner eigenen Sicht entspricht. Er wird die Ausgangssituation an einer aktuellen Parallelsituation messen und für das positive Prinzip Partei ergreifen.

Aber während der Roman Identifikation als Möglichkeit anbietet, ist in der absurden Prosa Identifikation mit der handelnden, der behandelten oder mißhandelten Zentralfigur – meist dem Ich-Erzähler – Voraussetzung. Denn es ist nicht nur der Ich-Erzähler, von dem das Buch handelt, es ist der Leser, und die Situation ist die seine. Das Ich weist den Leser auf das Schweigen der Welt hin, es exerziert das Fragen vor, das Warten auf Antwort, und es verspottet sich selbst, indem es die Vergeblichkeit des Wartens demonstriert. Es kommt anstatt dessen nur das Echo. Das Echo kommt grausam oder verzerrt, manchmal aber auch betörend. So enthüllt sich der Erzähler in seiner Tragik und, sich verfremdend, in seiner Komik, wenn nicht gar in seiner Lächerlichkeit, die er absichtlich und breit ausspielt, hier zeigt er denn, was das Leben aus ihm gemacht hat. Und unter der Lächerlichkeit scheint die Verzweiflung durch, objektivierte Verzweiflung, denn der Erzähler betrachtet sich ja nicht als Einzelfall – er ist es auch nicht, der Leser ist in derselben Situation. [...]

42 HELMUT HEISSENBÜTTEL: Briefe an Heinrich Vormweg (1969)

2. Über den Roman

[...] Im traditionellen Roman ist eben nicht einfach etwas erzählt worden, was geschieht oder geschehen könnte (sei es in der phantastischsten Verzerrung), sondern die Erfindung, Konstruktion und sprachliche Form des Erzählten ist von einem Bezugspunkt, Bezugsfeld abhängig, von dem aus es organisiert wird. Was uns schwerfällt, so könnte man sagen, ist nicht das Erzählen schlechthin, die sprachliche Umsetzung von Geschehen, sei es welcher Art (für Reportagen, Berichte, Ereignisstenogramme gibt es unbeschränkte Möglichkeiten), was uns schwerfällt, ist die Organisation des zu Erzählenden. Die Negationen der traditionellen Erzählformen, die Sie, lieber Herr Vormweg, als eine der gültigen Verallgemeinerungen sehr richtig anführen, beziehen sich auf die Organisationsschemata. Wir sind unsicher über das, was im erzählbaren Geschehen exemplarisch sein kann, am ehesten neigen wir noch dazu, wie Helga Novak in ihren kleinen Prosastücken zum Beispiel, das Zufällig-Abstruse als exemplarisch zu nehmen. Was die Wahrheit des Herzens betrifft, auf die doch so bedeutende Erzähler wie Fielding oder Sterne alles setzten, so sind wir gründlich skeptisch geworden und finden im Grunde, daß sie zu Recht in die unterste Stufe der Unterhaltungsliteratur abgesunken ist. In Psychologie und Soziologie ist uns die Wissenschaft immer noch und immer schon einen Schritt voraus, und wir wissen noch nicht genau, wie wir das von der Wissenschaft Erlernbare literarisch verwenden können. Erzählperspektive, Wahrheit oder Unwahrheit des sprachlich Reproduzierbaren: haben uns da nicht andere Medien bereits überflügelt? Sind wir nicht, wollen wir das Perspektivische des möglichen Wirklichkeitsausschnitts oder der möglichen Wirklichkeitseinfärbung konsequent zu Ende denken, gerade hier auf das Medium Sprache zurückgeworfen und müssen wir da nicht von Grund auf erst einmal untersuchen und prüfen, was die vokabulären und syntaktischen Mittel anbieten, was Sprache ihrem Wesen nach an Erzählmöglichkeit vorgibt?

Statt hier schon zu antworten (vorausgesetzt, das wäre möglich) oder noch weiter zu fragen, komme ich auf Ihre, lieber Herr

Vormweg, zweite Verallgemeinerung. Sie stellen die Beziehung her zwischen formaler, gattungsmäßiger und gesellschaftlicher Veränderung. Ich stimme Ihnen darin völlig zu, nur möchte ich insofern modifizieren, als ich die Abhängigkeit in ein Wechselverhältnis zurücknehmen würde. Ich bin mir nicht sicher über die Ursachen und würde lieber allgemein sagen, bestimmte Gesellschaftsformen und bestimmte Erzählweisen (Organisationen von Erzählweisen) gehören zusammen. Was sie zusammenhält, ist zunächst einfach die strikte Determinierung im historisch Einmaligen und Unauswechselbaren. Darüber müßten wir uns verständigen und ewige Formen, ewige Werte und ewige Kriterien in der Rumpelkammer des Aberglaubens abstellen. Die heutigen Negationen der traditionellen Erzählgattungen entsprächen in der historischen Determiniertheit zum Beispiel den Protesten gegen gesellschaftliche Formen und politische Praktiken, die überall sichtbar werden. Beide haben auch das eine gemeinsam, daß es vorerst sehr schwer scheint, ein konkretes positives Konzept zu entwerfen. [...]

Wenn Literatur, und vor allem Erzählung und Roman, wie wir sie seit dem Ende des 16. Jahrhunderts kennen, in der Weltorientierung Philosophie ergänzen und schließlich über sie hinausstreben, so bedeutet das eine historisch progressive Vermittlung zwischen Philosophie und Roman. Gegenüber Hegel, wie weit auch immer sein System noch heute reicht, bedeutete Dostojewski Neuland. Zugleich ließ sich das, was Dostojewski an Wirklichkeit, an erst zu erklärender Erfahrung von Wirklichkeit, sprachlich zeigte, noch als etwas außerhalb seiner Romane Vorhandenes vorstellen. Diese Vorstellung war möglich, weil das außersprachlich Vorhandene noch hinreichend philosophisch gedeckt war. Da aber im Vorstoß in Erfahrungsbereiche von bisher unerfahrener Wirklichkeit der Roman Dostojewskis, um bei diesem Beispiel zu bleiben, begann, die philosophische Deckung des Wirklichkeitsbegriffs außer Kraft zu setzen, zersetzte er auch das außersprachlich Vorstellbare.

Was dabei zunächst sichtbar wurde, war eine Erzählungsart, die sozusagen blindlings beschrieb, was uninterpretierbar vorhanden war, die aus dem amerikanischen Journalismus abstammende Kurzerzählung. Betroffen von der Zersetzung, den, wenn man es paradox benennen will, die Literatur an ihrem Gegenstand vornahm, war der Zusammenhang, der erst die Großform möglich macht, auch dann, wenn sie, wie in den theologisch bestimmten Epen, additiv verfährt. Die Zersetzung des philosophisch gedeckten außersprachlich Vorstellbaren ist nun heute bis an einen Punkt gelangt, an dem die Literatur sich darauf verwiesen sieht, die Organisationsmittel der Sprache selbst auszunutzen, aus dem Vorrat der Sprache heraus zu arbeiten, sich sprachimmanent zu verhalten und zuzusehen, was das Medium hergibt. Sie versucht damit das gleiche zu tun wie die neuen Medien der technischen Reproduktion, deren Realistik eine Täuschung ist und die in Wahrheit nur da wirksam werden, wo sie synthetische Halluzination erzeugen.

Man könnte sagen, die Zersetzung der philosophischen Deckung des außersprachlich Vorstellbaren sei einer wissenschaftlichen Welterklärung zugute gekommen. Tatsächlich stellen wir uns, wenn wir uns nicht mit Relikten herumplagen, heute Wirklichkeit wissenschaftlich-statistisch vor. Darauf kann die Literatur antworten, können Romane sich beziehen. Das Übel besteht nur darin, daß solche wissenschaftlichen Bezüge immer nur Teilansichten liefern, auf die hin man dann den Roman sprachlich eingrenzen müßte. Will er das nicht tun, muß er sich entweder, wie die populären Gattungen des Kriminalromans, der Science Fiction, des Western usw. an ein vorläufig vorgegebenes Modell halten oder aus dem Vorrat der Sprache heraus einen Entwurf herstellen. Was nicht als außersprachliche Vorstellung gedeckt werden kann, was nicht sichtbar werden will, wird halluziniert im Medium, aus dem Vorrat und aus der Gesetzlichkeit der Sprache heraus. Der Entwurf der Halluzination ist der Reflex auf Sinnblindheit. Dabei bezieht sich das natürlich nicht nur auf sich selbst, Halluzination bedeutet nicht Traum. Gemeint sind natürlich immer die Dinge, die sinnlich erfahren werden, das, was physisch um uns herum vorhanden ist, die Bedingungen, unter denen wir leben, einschließlich der Resignation vor ihrer Unveränderbarkeit oder der Erkenntnis von möglichen Eingriffen zu ihrer Veränderung.

Sprachimmanente Organisation der erzählerischen Großform, eines Romans neuer Art, bedeutet nicht Aufgabe des Bezugs, sondern, wenn man so sagen kann, Umkehrung. Wenn außersprachliche Vorstellung von Menschenwelt wissenschaftlich aufgesplittert und kaleidoskopiert ist, kann die Literatur nicht unmittelbar Spiegelbilder liefern. Sie muß das Spiegelbild sozusagen aus den Mitteln der Sprache erst entwickeln. Damit hat die Literatur und insbesondere die Großform der Erzählung so etwas wie Macht bekommen, wie selten zuvor. Was ich mir sprachlich vorstellen kann (aus der Sprache heraus halluzinieren kann), ist fähig, Wirklichkeit zu decken. Meine Arbeit, als solche, selbst wenn es keine Leser dafür gäbe, könnte mehr bewirken als alle Kriege der Reaktion und alle Proteste der Progressiven. [...]

43 DIETER WELLERSHOFF: Fiktion und Praxis (1969)

[...] Im modernen Roman sind Schreibweisen entwickelt worden, die an die subjektive Optik der bewegten Filmkamera erinnern, also die konventionelle Ansicht eines Gegenstandes oder Vorganges verzerren oder völlig auflösen durch extreme Einstellungen der Aufmerksamkeit. Es gibt beispielsweise bei Claude Simon die zeitlupenhafte Darstellung eines Attentats, den Blick aus einem rasend fahrenden und durch die Kurven schleudernden Auto, zerlegt in kaleidoskopisch vorbeiruckende, teils taumelnd bewegte, teils schnappschußartig erstarrte Bilder, es gibt weiche verschwimmende Überblendungen, harte Schnitte, übereinanderprojizierte Bilder wie bei einer Doppelbelichtung, es gibt die Fernsicht, in der das Herangaloppieren von Rennpferden sich zu einer wogenden Bewegung verkürzt, die nicht von der Stelle kommt, es gibt die gestochen scharfe Wahrnehmung isolierter Gegenstände bei Robbe-Grillet, extrem langes Beharren auf unverständlichen Details, langsames Wandern des Blicks über immer dieselben Einzelheiten, deren Umfeld nicht sichtbar wird, das man aus ihnen nur wie aus Indizien erschließen kann, unkontrollierbare Verschiebungen vom Realen ins Hypothetische, Imaginäre, Wiederholungen des scheinbar gleichen Vorgangs, der sich jedesmal vertrackt verändert hat. Alles scheint unzuverlässig zu werden, denn auch die Genauigkeit der Darstellung ist Mittel einer irritierenden Regie, in der die gewohnten Sinneinheiten sich dissoziieren. Der Blick subjektiviert sich, geht nach innen mit neuer Aufmerksamkeit für die Dunkelzonen des Vorbewußten und der Körperreaktionen oder für die flüssigen und flackernden Gestalten des Tagtraums. Und gegenüber diesen verwirrenden Erfahrungen wird dem Leser nicht die Sicherheit einer übergreifenden rationalen Orientierung gewährt. Er wird nicht wie im traditionellen Roman vom Erzähler geführt und am Anfang mit den wichtigsten Informationen versorgt, sondern hineingestoßen in einen Fiktionsraum, der sich erst allmählich und vielleicht nie richtig, nie endgültig erschließt, der aber auch keine Fenster, keine Tür in ein sicheres Außerhalb hat.

Das war der rationale Komfort, den die traditionelle Erzählerposition, zum Beispiel die Rahmenerzählung, dem Leser bot: Er konnte den Konflikt, das Abenteuer, die Verwirrung aus der überlegenen Distanz, nämlich vom Ende her, vom Standpunkt der erreichten Problemlösung, der wiederhergestellten und bestätigten Ordnung, also mit den Augen der Weisheit oder des Humors sehen. Vorgeführt wurde ihm ein Realitätsausschnitt, der eingebettet blieb im größeren Horizont des Allgemeinen, und der außerdem schon nach bedeutenden und unbedeutenden Elementen, also konventionell, selektiert war, so wie er sich nach einiger Zeit dem Langzeitgedächtnis einprägt. In der literaturgeschichtlich jüngeren Erlebnisperspektive ist dagegen die Subjektivität total gesetzt. Es gibt kein Außerhalb und keine zeitliche Distanz. Alles erscheint so augenblickshaft, ungeordnet und subjektiv, wie die handelnde Person es erfährt. Auch ihr Denken hat keine objektive Bedeutung, sondern ist selbst Element des inneren und äußeren Geschehens, das dauernd den ganzen Fiktionsraum überschwemmt. [...]

NACHWORT

Noch am Ende des 19. Jahrhunderts mußte der Roman in Deutschland um seine Anerkennung als literarische Form kämpfen. Die meisten Ästhetiker hielten am prinzipiellen Vorrang des Dramas fest; auch die Romanciers widersprachen dieser Wertung nur selten. Thomas Manns Plädoyer für den Roman (1908), mit dem dieser Band einsetzt, ist der bis dahin nachdrücklichste Versuch, gegenüber der herrschenden Ästhetik die Gleichberechtigung des Romans mit dem Drama zu begründen. Als Mann drei Jahrzehnte später in seinem Vortrag „Die Kunst des Romans" in ähnlicher Weise den Roman als die bedeutendste literarische Ausdrucksform der Zeit rühmte, mußte er kaum noch mit Widerspruch rechnen. Der Rang des Romans wurde bei Theoretikern und Kritikern nicht mehr bezweifelt. Die bedeutenden Leistungen auf dem Gebiete des Romans hatten die Wertfrage eindeutig beantwortet. An die Stelle der Apologetik trat die Diskussion der universalen Möglichkeiten des Romans und die Erörterung seiner Aufgaben in einer gewandelten Wirklichkeit.

Im 20. Jahrhundert sind die Grenzen zwischen Schriftsteller und Kritiker weitgehend geschwunden. Die Romanschreiber tragen nicht nur mit ihren Werken zur Durchsetzung des Romans bei, sie bereiten auch als Kritiker und Interpreten das neue Verständnis des Romans vor. Viele von ihnen erläutern und begründen ihren Romanbegriff, die angewandten Erzähltechniken, die Ziele ihres Schreibens. Sie legen in programmatischen Vorträgen und Essays ihre Ansichten des Romans dar. Sie sprechen und schreiben über den „Bau des epischen Werkes" (Döblin), „Das Weltbild des Romans" (Broch), „Die Kunst des Romans" (Thomas Mann), „Grundlagen und Funktion des Romans" (Doderer). Sie versuchen, die neuen Dimensionen des Romans zu erfassen und kritisch zu durchdringen. Der Roman hat sich aller Inhalte bemächtigt, er wird zum Spiegel der Gesellschaft, er öffnet sich dem Essayistischen, er verbindet sich mit der Wissenschaft und dem Mythos, er experimentiert mit den Formen, er erprobt neue Darstellungsmittel. Der Erzähler ist souveräner Herr seines Werkes, er ordnet und montiert, er wählt und kombiniert die Perspektiven, er spielt mit dem Dargestellten wie mit dem Darstellenden. Die frühromantische Konzeption vom Roman als einer „Universalpoesie" (Friedrich Schlegel) wird in den Entwürfen Brochs und Musils aufgegriffen und konkretisiert. Auch der Form des Romans gilt besondere Aufmerksamkeit. Den klassizistischen Vorwürfen, der Roman als eine „Unform" könne nur „Halbkunst" sein (Ernst), begegnet man mit klaren Forderungen an die Struktur des Romans. Vergleiche aus der Musik und der Architektur (Symphonie, Kontrapunktik, Architektonik) sollen dazu dienen, die Klarheit und Geschlossenheit des Aufbaus zu betonen. Die theoretische Beschäftigung der Schriftsteller mit dem Roman führt nicht selten zu kontroversen Thesen. Ihre Romantheorien sind – trotz des Anspruchs auf allgemeine Geltung – stets in hohem Maße individuell geprägt: der eigene Romanbegriff wird zur Norm erhoben. So läßt sich aus der Diskussion der Romanciers weniger eine einheitliche Theorie des Romans ableiten als verschiedene Tendenzen und Zielrichtungen der Romantheorien.

Neben die Reflexionen der Schriftsteller über den Roman tritt im 20. Jahrhundert auch in Deutschland eine wachsende Beschäftigung der Philosophen mit der früher verachteten literarischen Gattung. Lukács greift in seiner „Theorie des Romans" (1916) die Anregungen Hegels auf und versucht, sie in einen großen geschichtsphilosophischen Rahmen zu stellen. Die Romantheorien von Benjamin, Kahler und Adorno knüpfen an Lukács' kulturhistorische und philosophische Überlegungen an und führen sie in ständiger kritischer Auseinandersetzung weiter.

Schriftsteller und Philosophen beteiligen sich in gleicher Weise an der Diskussion der zentralen Frage einer jeden Romantheorie: der Frage nach dem Verhältnis von Roman und Wirklichkeit. Die Antworten des 19. Jahrhunderts werden dabei ebenso wie die „realistischen" Romane dieser Epoche in Frage gestellt. Die Vorstellungen, was Wirklichkeit sei und wie man sie adäquat erfassen könne, haben sich grundlegend gewandelt. Allerdings bleibt auch im 20. Jahrhundert die Spannweite der Ansichten von Einstein, Döblin, Mann, Brecht und Adorno, von bürgerlichem und sozialistischem Realismus, von genereller Subjektivierung bis zu naiver Widerspiegelung groß; die Gegensätze sind kaum überbrückbar. Für die Theorie des Romans bringt das neue Verständnis von Wirklichkeit eine tiefgreifende Neuorientierung. Die Kategorien von Zeit, Raum und Kausalität sind nicht länger die unwidersprochenen Ordnungsprinzipien des Romans. Damit ist dem Roman „das eigentlich Erzählerische" abhanden gekommen, wie Musil 1930 konstatiert. Das Zeitproblem – Jens sieht in ihm „das Grundproblem des modernen Romans" überhaupt – hat neben seiner thematischen Bedeutung entscheidende Auswirkungen auf die Handlung. Sie büßt ihre strukturelle Funktion weitgehend ein: „Es kommt auf die Struktur einer Dichtung heute mehr an als auf ihren Gang" (Musil). Auch der Held ist nicht mehr die Mittelpunktsfigur, er ist dem „Zeittypus", dem „Mann ohne Eigenschaften" gewichen. Diese Wandlungen des Romans greifen bei der „Einheit von Darstellungsgegenstand und Darstellungsmittel" (Broch) auch in die Romantechnik ein. Montage, Kontrapunkt, Leitmotiv, Überlagerung von Zeit- und Erzähleben lösen die traditionellen Organisations- und Darstellungsprinzipien ab.

Der Roman hat sich mit alledem weit vom Roman des 19. Jahrhunderts entfernt. Das Wort von der „Krise" oder gar dem „Ende" des Romans kehrt in verschiedenen Texten dieses Bandes wieder. Thomas Mann sah durch die Entwicklung des Romans seine Vermutung bestätigt „daß auf dem Gebiet des Romanes heute eigentlich nur noch in Betracht kommt, was kein Roman mehr ist" (an Broch, 19. 6. 1945). Es ist sicher richtig, daß der Roman in seiner kurzen Geschichte mehr Wandlungen unterworfen war als das Drama oder die Lyrik. Da der Roman die Form ist, der man das unmittelbarste Verhältnis zur Wirklichkeit zuspricht, ändert er sich mit der Wirklichkeit, oder besser: mit der jeweiligen Auffassung von Wirklichkeit. Die „Krise des Romans", meint Doderer daher mit einem gewissen Recht, sei im Grunde „eine Krise unserer Wirklichkeit". So muß jede Definition des Romans zeitgebunden bleiben. Wenn es nicht „den" Roman gibt, kann es auch nicht „die" Theorie des Romans geben. Unter diesem Aspekt gewinnen neben kulturhistorischen und philosophischen Versuchen einer Gesamtdeutung die Ansätze zur Theorie bestimmter Romantypen erhöhte Bedeutung. Die Überlegungen Brochs zum „polyhistorischen Roman" und Benns zum

„absoluten Roman" – in Ansätzen bereits bei Flake und Einstein vorweggenommen – zeigen Möglichkeiten einer solchen Typologie.

Die großen romantheoretischen Konzeptionen der ersten Jahrhunderthälfte prägen auch die Diskussion der beiden letzten Jahrzehnte. Doch neben den Bemühungen, die Theorien der älteren Romanciers weiterzuführen, zu ergänzen und auf Einzelfragen anzuwenden, stehen die Versuche neuer Standortbestimmungen des Romans. Durch die wachsende Einsicht, daß jedes Verständnis von Wirklichkeit durch das syntaktische System der Sprache vorbestimmt ist (Heißenbüttel), rückt die Sprachproblematik in neueren Romantheorien in den Vordergrund. Auch literatursoziologische Fragen gewinnen zunehmend an Interesse. Ein Kernstück jeder Romantheorie bleibt weiterhin die Frage nach dem Verhältnis von Roman und Wirklichkeit. Manche Theoretiker verkünden erneut die Notwendigkeit einer endgültigen Abkehr vom Roman, weil sein Fiktionscharakter nicht überwunden werden kann (Becker); andere sehen in einem an den Theorien des „nouveau roman" orientierten „neuen Realismus" (Wellershoff) oder in einem „dokumentarischen Realismus" (Baumgart) Aufgaben und Möglichkeiten des künftigen Romans. Realismus bedeutet dabei nicht selten speziell: Schilderung der gesellschaftlichen Wirklichkeit, und mehr noch: Gesellschaftskritik. Viele Schriftsteller teilen die Ansicht, zu der sich Andersch, Koeppen, Adorno und andere 1956 bekannten, daß „das Wort ‚gesellschaftskritisch' mit dem Wort ‚Roman' identisch" ist. Allerdings gibt es auch Romanciers, die diese Bestimmung für eine Verengung (Doderer) oder sogar für eine „Perversion" (Eisenreich) halten.

Der Begriff „Roman" ist manchem jüngeren Schriftsteller suspekt geworden: „Der Roman ist nur noch der Spitzname für Literatur" (Wondratschek). Man spricht häufig lieber vom „Prosaschreiben". Doch auch wenn der Name „Roman" noch beibehalten wird, erweitern sich die Überlegungen nicht selten zu einer Theorie des Erzählens (Johnson, Heißenbüttel/Vormweg) oder sogar zu einer Theorie der Literatur: „Aussichten des Romans oder Hat Literatur Zukunft?" lautet der bezeichnende Doppeltitel der Poetikvorlesungen Baumgarts von 1967. Diese Tendenzen können in einem Überblick über die Romantheorien des gesamten 20. Jahrhunderts nur angedeutet werden; eine Dokumentation über Literaturtheorien der Gegenwart hätte ihnen Rechnung zu tragen.

Die deutschen Romantheorien des 20. Jahrhunderts sind allein im Kontext der gesamteuropäischen Romanpoetik zu verstehen. Die Diskussion der Romanciers untereinander, die Wirkung von Theorien und neuen Darstellungsformen über die Grenze der Nationalliteraturen hinaus ist längst zur Selbstverständlichkeit geworden. Die Kenntnis von Joyce, Gide oder Proust ist für das Verständnis deutscher Romantheorien der zwanziger und dreißiger Jahre unumgänglich; die Theorien des „nouveau roman", die Arbeiten von Robbe-Grillet, Butor und Sarraute, spielen für den deutschen Romanbegriff der sechziger Jahre eine zentrale Rolle. So fällt der Verzicht auf ausländische Texte, den die Anlage der Reihe erfordert, schwer. Der Verlag plant jedoch, ähnliche Textbände zur französischen und englischen Romantheorie vorzulegen. Dadurch kann die Einsicht in die Entwicklung der internationalen Diskussion über Theorie und Technik des Romans erleichtert werden, die notwendig ist, um die deutschen Beiträge einordnen und voll verstehen zu können.

Allein mit den programmatischen Arbeiten der Schriftsteller, die man bereits zu „Klassikern des modernen deutschen Romans" erhoben hat, ließe sich ein weit umfangreicherer Band als der vorliegende füllen. Die Auswahl muß sich auf einige Ausschnitte beschränken. Dieser Verzicht fiel vor allem bei Döblin und Broch nicht leicht, denn ihre Arbeiten sind, obwohl keineswegs schwer erreichbar, noch lange nicht so bekannt, wie es ihrer Bedeutung entspricht. Durch die Beschränkung wurde jedoch Platz geschaffen für eine Reihe weiterer Texte, die geeignet sind, die Vielzahl der diskutierten Fragen und kontroversen Ansichten zu zeigen. Die Konzeption der Reihe „Deutsche Texte" schloß die Aufnahme der breiten literaturwissenschaftlichen Diskussion über Theorie und Technik des Romans aus. Auch hier sind die Übergänge allerdings längst fließend geworden: poetae docti wie Heißenbüttel, Jens oder Baumgart haben mit ihren Arbeiten zur Romantheorie wichtige Beiträge zur wissenschaftlichen Forschung geleistet. Auch sie geben jedoch nicht zuletzt noch eine Begründung der in ihrem Werk gewählten Romanform und der von ihnen für richtig gehaltenen Darstellungsmittel. Die Literaturwissenschaftler im engeren Sinn hingegen beschränken sich in erster Linie darauf, die in den Romanen dargelegten Möglichkeiten der Gattung zu erörtern und zu systematisieren. In jedem Falle sind jedoch die Arbeiten von Forschern wie Emrich, Hamburger, Kayser, Koskimies oder Stanzel eine wichtige Ergänzung. Einen Ausschnitt aus dieser wissenschaftlichen Beschäftigung mit der Theorie des Romans gibt das Sammelwerk „Zur Poetik des Romans" (1965).

Im übrigen soll das Literaturverzeichnis die erste Orientierung über die deutschsprachige Forschung erleichtern. Es enthält ferner eine Auswahl der Sekundärliteratur zum Romanbegriff einzelner Schriftsteller und einige Hinweise auf Texte von Autoren, die aus Raumgründen nicht berücksichtigt werden konnten. Der Quellennachweis unterrichtet über die Druckvorlagen und den Erstdruck der Texte. Die Entstehungszeit ist zusätzlich vermerkt, wenn sie einige Zeit vor dem Erstdruck liegt. Die Anordnung der Texte ist chronologisch, mehrere Texte eines Autors wurden jedoch hintereinander abgedruckt. Schreibung und Interpunktion richten sich nach den angegebenen Vorlagen; lediglich wichtige Hervorhebungen des Originals wurden einheitlich durch Kursivschrift wiedergegeben. Kürzungen innerhalb der Texte sind durch [...] gekennzeichnet. Den einzelnen Beiträgen sind, den Prinzipien der „Deutschen Texte" folgend, keine Anmerkungen und Kommentare beigegeben. Es ist das Ziel der Reihe, Texte als Arbeitsgrundlage zu bieten; der Benutzer soll in seinem Urteil und in der Deutung der Texte nicht mehr eingeschränkt werden, als das durch den Auswahlcharakter eines solchen Bandes notwendig der Fall ist. Im übrigen kann das Register dazu dienen, Querverbindungen herzustellen, Namen und Werktitel zu ergänzen.

Allen, die mir bei der Arbeit an diesem Band und an der vorangegangenen Sammlung über „Theorie und Technik des Romans im 19. Jahrhundert" (DT 18) geholfen haben, danke ich herzlich; besonders Herrn Lothar Rotsch, dem Lektor des Niemeyer-Verlages, und meiner Frau, die mir bei der Zusammenstellung der Texte und dem Lesen der Korrekturen eine ständige Hilfe war.

Bonn, im Mai 1971   Hartmut Steinecke

QUELLENVERZEICHNIS

1 Thomas Mann: Versuch über das Theater [ED 1908]. Abdruck nach: Mann, Gesammelte Werke in 12 Bänden. Frankfurt: S. Fischer 1960. Bd. 10: Reden und Aufsätze 2, S. 28-29, 31-32.
2 Thomas Mann: Der autobiographische Roman [ED 1916]. Abdruck wie 1, Bd. 11: Reden und Aufsätze 3, S. 701-703.
3 Thomas Mann: Einführung in den „Zauberberg" [ED 1939]. Abdruck wie 1, Bd. 11, S. 610-612.
4 Thomas Mann: Die Kunst des Romans [gehalten 1939, ED 1953]. Abdruck wie 1, Bd. 10, S. 352-353, 355-356, 357, 358-360.
5 Carl Einstein: Anmerkungen über den Roman [ED 1912]. Abdruck nach: Einstein, Gesammelte Werke. Hg. von Ernst Nef. Wiesbaden: Limes 1962. S. 52-55.
6 Georg Lukács: Die Theorie des Romans. Ein geschichtsphilosophischer Versuch über die Formen der großen Epik [ED 1916]. Abdruck nach: 3. Auflage, Neuwied und Berlin: Luchterhand 1965. S. 83-85, 87-90, 92-93.
7 Alfred Döblin: Bemerkungen zum Roman [ED 1917]. Abdruck nach: Döblin, Ausgewählte Werke in Einzelbänden. In Verbindung mit den Söhnen des Dichters hg. von Walter Muschg. Bd. 7: Aufsätze zur Literatur. Olten und Freiburg: Walter 1963. S. 19-21, 22-23.
8 Alfred Döblin: Der Bau des epischen Werkes [ED 1929]. Abdruck wie 7, S. 109-115, 125-127.
9 Alfred Döblin: Der historische Roman und wir [ED 1936]. Abdruck wie 7, S. 174-177.
10 Otto Flake: Vorwort zu „Die Stadt des Hirns". Berlin: S. Fischer 1919 [= ED]. S. 9-11.
11 Robert Musil: Interview mit Oskar Maurus Fontana: Was arbeiten Sie? [ED 1926]. Abdruck nach: Musil, Gesammelte Werke in Einzelausgaben. Hg. von Adolf Frisé. Hamburg: Rowohlt 1952-1957. Bd. 2: Tagebücher, Aphorismen, Essays und Reden. 1955. S. 785 bis 788.
12 Robert Musil: Manas (Alfred Döblin: Manas. Epische Dichtung) [ED 1927]. Abdruck wie 11, Bd. 3: Prosa, Dramen, späte Briefe. 1957. S. 614-616.
13 Robert Musil: Der Mann ohne Eigenschaften [ED 1930]. Abdruck wie 11, Bd. 1: Der Mann ohne Eigenschaften. 1952. S. 665.

14 Robert Musil: Aus einem Notizbuch [entstanden 1932]. Abdruck wie 11, Bd. 1, S. 1640.
15 Robert Musil: Aufzeichnungen zur Krisis der Romans [entstanden ca. 1930–1932]. Abdruck wie 12, Bd. 2, S. 862–864.
16 Jakob Wassermann: Über „Publikumserfolg" [ED 1928]. Abdruck nach: Wassermann, Lebensdienst. Gesammelte Studien, Erfahrungen und Reden aus drei Jahrzehnten. Leipzig und Zürich: Grethlein & Co 1928. S. 314–316.
17 Hermann Broch: Brief an Daniel Brody vom 5. 8. 1931. Abdruck nach: Hermann Broch und Daniel Brody. Briefwechsel 1930–1951. Hg. von Bertold Hack und Marietta Kleiss. Frankfurt 1971. Sp. 231 bis 232.
18 Hermann Broch: James Joyce und die Gegenwart [gehalten 1932, ED 1936]. Abdruck nach: Broch, Gesammelte Werke in 10 Bänden. Zürich: Rheinverlag 1952–1961. Bd. 6: Essays I, Dichten und Erkennen. Hg. und eingeleitet von Hannah Arendt. 1955. S. 190–194, 197–198.
19 Hermann Broch: Das Weltbild des Romans [gehalten 1933, ED 1955]. Abdruck wie 18, Bd. 6, S. 235–237.
20 Hermann Broch: Bemerkungen zum „Tod des Vergil" [entstanden ca. 1945, ED 1955]. Abdruck wie 18, Bd. 6, S. 265–267.
21 Hermann Broch: Entstehungsbericht der „Schuldlosen" [ED 1950]. Abdruck wie 18, Bd. 5: Die Schuldlosen. Roman in elf Erzählungen. Mit einer Einführung von Hermann J. Weigand. 1954. S. 360 bis 361.
22 Walter Benjamin: Der Erzähler. Betrachtungen zum Werk Nikolai Lesskows [ED 1936]. Abdruck nach: Benjamin, Schriften. Hg. von Theodor W. Adorno und Gretel Adorno unter Mitwirkung von Friedrich Podszus. Frankfurt: Suhrkamp 1955. Bd. 2, S. 233–235, 246–249.
23 Bertolt Brecht: Über den formalistischen Charakter der Realismustheorie [entstanden ca. 1938, ED 1966]. Abdruck nach: Brecht, Gesammelte Werke in 20 Bänden. Hg. vom Suhrkamp Verlag in Zusammenarbeit mit Elisabeth Hauptmann. Frankfurt: Suhrkamp 1967. Bd. 19: Schriften zur Literatur und Kunst 2, S. 298–300.
24 Bertolt Brecht: Übergang vom bürgerlichen zum sozialistischen Realismus [entstanden ca. 1940, ED 1966]. Abdruck wie 23, S. 376–378.
25 Gottfried Benn: Brief an Friedrich Wilhelm Oelze vom 3. 5. 1944. Abdruck nach: Dichter über ihre Dichtungen. Gottfried Benn. Hg. von Edgar Lohner. München: Heimeran 1969. S. 117–118, 118.
26 Gottfried Benn: Doppelleben [ED 1950]. Abdruck nach: Benn, Gesammelte Werke in 8 Bänden. Hg. von Dieter Wellershoff.

Wiesbaden: Limes 1968. Bd. 8: Autobiographische Schriften, S. 1998-1999.

27 Heinrich Mann: Ein Zeitalter wird besichtigt. Berlin: Aufbau 1947 [= ED]. S. 248-249, 250.

28 Frank Thieß: Zum Gestaltwandel des Romans [ED 1950]. Abdruck nach: Thieß, Die Wirklichkeit des Unwirklichen. Untersuchungen über die Realität der Dichtung. Hamburg: Paul Zsolnay 1954. S. 33-36.

29 Erich Kahler: Untergang und Übergang der epischen Kunstform. In: Die neue Rundschau 64, 1953 [= ED], S. 32-35.

30 Theodor W. Adorno: Form und Gehalt des zeitgenössischen Romans. In: Akzente 1, 1954 [= ED], S. 411-412, 413-416.

31 Arnold Zweig: Der Roman lebt [ED 1955]. Abdruck nach: Zweig, Ausgewählte Werke in Einzelausgaben. Bd. 15: Essays 1, Literatur und Theater. Berlin: Aufbau 1959. S. 392-393, 394-395, 397.

32 Heimito von Doderer: Grundlagen und Funktion des Romans [ED 1958]. Abdruck nach: Doderer, Die Wiederkehr der Drachen. Aufsätze, Traktate, Reden. Hg. von W. Schmidt-Dengler. München: Biederstein 1970. S. 163-170.

33 Ernst Kreuder: Das Unbeantwortbare. Die Aufgaben des modernen Romans. In: Akademie der Wissenschaften und der Literatur. Abhandlungen der Klasse der Literatur. Jg. 1959, Nr. 2. Mainz 1959 [= ED]. S. 17-18, 24, 26.

34 Herbert Eisenreich: Roman und Zeitgeist [ED 1959]. Abdruck nach: Eisenreich, Reaktionen. Essays zur Literatur. Gütersloh: Sigbert Mohn 1964. S. 118-120.

35 Herbert Eisenreich: Der Roman. Keine Rede von der Krise [ED 1961]. Abdruck wie 34, S. 51-53.

36 Heinrich Böll: Über den Roman [ED 1960]. Abdruck nach: Böll, Erzählungen, Hörspiele, Aufsätze. Köln und Berlin: Kiepenheuer & Witsch 1961. S. 426-428.

37 Alfred Andersch: Interview mit Horst Bienek. In: Bienek, Werkstattgespräche mit Schriftstellern. München: Carl Hanser 1962 [=ED]. S. 117-118, 119-121.

38 Jürgen Becker: Gegen die Erhaltung des literarischen status quo. In: Sprache im technischen Zeitalter. Heft 9/10, 1964 [= ED], S. 694, 695-698.

39 Albert Paris Gütersloh: Der innere Erdteil. Aus den „Wörterbüchern". München: Piper & Co. 1966 [= ED, entstanden vor 1960]. S. 180-184.

40 Reinhard Baumgart: Aussichten des Romans oder Hat Literatur Zukunft? Frankfurter Vorlesungen. Neuwied und Berlin: Luchterhand 1968 [= ED]. S. 18-19, 60-65, 66-67.

41 Wolfgang Hildesheimer: Frankfurter Vorlesungen. In: Hildesheimer, Interpretationen. James Joyce, Georg Büchner, Zwei Frankfurter Vorlesungen. Frankfurt: Suhrkamp 1969 [= ED]. S. 76–79.
42 Helmut Heißenbüttel: Briefe an Heinrich Vormweg [ED 1969]. Abdruck nach: Heißenbüttel/Vormweg, Briefwechsel über Literatur. Neuwied und Berlin: Luchterhand 1969. S. 46–47, 64–65.
43 Dieter Wellershoff: Fiktion und Praxis. In: Wellershoff, Literatur und Veränderung. Versuche zu einer Metakritik der Literatur. Köln: Kiepenheuer & Witsch 1969 [= ED]. S. 26–28.

LITERATURHINWEISE

J. R. Frey: Bibliographie zur Theorie und Technik des deutschen Romans (1910–1938). In: Modern Language Notes 54, 1939, S. 557 bis 567.
F. Martini: Geschichte und Poetik des Romans. Ein Literaturbericht. In: Der Deutschunterricht 3, 1951, H. 3, S. 86–99.
J. R. Frey: Bibliographie zur Theorie und Technik des deutschen Romans (1939–1953). In: Modern Language Notes 69, 1954, S. 77–88.
W. Pabst: Literatur zur Theorie des Romans. In: DVj 34, 1960, S. 264–289.
Internationale Bibliographie zur Geschichte der deutschen Literatur von den Anfängen bis zur Gegenwart. Erarbeitet [...] unter Leitung und Gesamtredaktion von Günter Albrecht und Günther Dahlke. Teil 1, Berlin 1969, S. 305–313 (Allgemeine Literatur zum Roman). Teil 2,1, München-Pullach und Berlin 1971, S. 932–941 (Literatur zum Roman des 20. Jahrhunderts).
R. M. Albérès: Geschichte des modernen Romans. Düsseldorf-Köln 1964.
H. Arntzen: Der moderne deutsche Roman. Voraussetzungen, Strukturen, Gehalte. Heidelberg 1962.
H. Bahr: Der Roman. In: Bahr, Labyrinth der Gegenwart. Hildesheim 1929. S. 98–105.
W. Bergengruen: Erzählende Prosa. In: Deutsche Philologie im Aufriß. Hg. von W. Stammler. Bd. III. Berlin, Bielefeld, München ²1962. Sp. 1429–1442.
H. Bienek: Werkstattgespräche mit Schriftstellern. München 1962.
E. Bloch: Verfremdungen. Bd. 1. Frankfurt 1962 (Darin: Philosophische Ansicht des Detektivromans, S. 37–63; Philosophische Ansicht des Künstlerromans, S. 64–80).
H. Blumenberg: Wirklichkeitsbegriff und Möglichkeit des Romans. In: Nachahmung und Illusion. Hg. von H. R. Jauß. München 1964. S. 9–27.
R. Brinkmann: Romanform und Werttheorie bei Hermann Broch. Strukturprobleme moderner Dichtung. In: DVj 31, 1957, S. 169 bis 197. Auch in: Deutsche Romantheorien, hg. von R. Grimm, 1968, S. 347–373.
M. Brod: Von Sinn und Würde des historischen Romans. In: Die neue Rundschau 67, 1956, S. 491–502.

H. Burgmüller: Zur Ästhetik des modernen Romans. In: Die Fähre 1, 1946, S. 111–120.

M. Durzak: Der moderne Roman. Bemerkungen zu Georg Lukács' „Theorie des Romans". In: Basis. Jahrbuch für deutsche Gegenwartsliteratur. Frankfurt 1970, S. 26–48.

M. Durzak: Flake und Döblin. Ein Kapitel in der Geschichte des polyhistorischen Romans. In: Germanisch-Romanische Monatsschrift NF 20, 1970, S. 286–305.

W. Emrich: Protest und Verheißung. Studien zur klassischen und modernen Dichtung. Frankfurt, Bonn 1960 (Darin: Zur Ästhetik der modernen Dichtung, S. 123–134; Formen und Gehalte des zeitgenössischen Romans, S. 169–175; Die Erzählkunst des 20. Jahrhunderts und ihr geschichtlicher Sinn, S. 176–192).

L. Feuchtwanger: Das Haus der Desdemona oder Größe und Grenzen der historischen Dichtung. Aus dem Nachlaß hg. von F. Zschech. Rudolstadt 1961.

P. Foulkes: Franz Kafka: Dichtungstheorie und Romanpraxis. In: Deutsche Romantheorien, hg. von R. Grimm, 1968, S. 321–346.

J. R. Frey: Deutsche Epiker der Gegenwart über die Kunst der Erzählung. In: Monatshefte 39, 1947, S. 373–388.

K. Friedemann: Die Rolle des Erzählers in der Epik. Leipzig 1910. Nachdruck Darmstadt 1969.

A. Frisé: Roman und Essay. In: Definitionen. Essays zur Literatur. Hg. von A. Frisé. Frankfurt 1963. S. 137–156.

U. Fülleborn: Form und Sinn der ‚Aufzeichnungen des Malte Laurids Brigge'. Rilkes Prosabuch und der moderne Roman. In: Unterscheidung und Bewahrung. Festschrift für Hermann Kunisch. Hg. von K. Lazarowicz und W. Kron. Berlin 1961. S. 147–169. Auch in: Deutsche Romantheorien, hg. von R. Grimm, 1968, S. 251–273.

M. Galetti: Von der Freiheit der epischen Kunstform. In: Frank Thieß. Werk und Dichter. Hg. von R. Italiaander. Hamburg 1950. S. 71 bis 86.

R. Geißler (Hg.): Möglichkeiten des modernen deutschen Romans. Analysen und Interpretationsgrundlagen zu Romanen von Thomas Mann, Alfred Döblin, Hermann Broch, Gerd Gaiser, Max Frisch, Alfred Andersch, Heinrich Böll. Frankfurt, Berlin, Bonn 1962. [4]1970.

R. Grimm: Romane des Phänotyp. In: Akzente 9, 1962, S. 463–479.

R. Grimm (Hg.): Deutsche Romantheorien. Beiträge zu einer historischen Poetik des Romans in Deutschland. Frankfurt, Bonn 1968.

W. Grothe: Die Theorie des Erzählens bei Alfred Döblin. In: Text und Kritik 13/14, 1966, S. 5–21.

G. Haas: Studien zur Form des Essays und zu seinen Vorformen im Roman. Tübingen 1966.

P. Härtling: Das Ende der Geschichte. Über die Arbeit an einem „historischen Roman". Akademie der Wissenschaften und der Literatur. Abhandlungen der Klasse der Literatur 1968, Nr. 3. Wiesbaden 1968.

M. Hahn/ D. Schlenstedt/F. Wagner: Thesen zum deutschen Roman im 20. Jahrhundert. In: Weimarer Beiträge 14, 1968, S. 30–103.

K. Hamburger: Die Logik der Dichtung. Stuttgart 1957. ²1968.

K. Hamburger: Erzählformen des modernen Romans. In: Der Deutschunterricht 11, 1959, H. 4, S. 5–23.

H. Hennecke: Ein Halbbruder des Dichters? Grundsätzliche Probleme des Epikers. In: Hennecke, Kritik. Gesammelte Essays zur modernen Literatur. Gütersloh 1958. S. 139–149.

H. Hillmann: Franz Kafka. Dichtungstheorie und Dichtungsgestalt. Bonn 1964.

O. Holl: Der Roman als Funktion und Überwindung der Zeit. Zeit und Gleichzeitigkeit im deutschen Roman des 20. Jahrhunderts. Bonn 1968.

K. A. Horst: Das Spektrum des modernen Romans. München 1960. ²1964.

W. Jens: Statt einer Literaturgeschichte. Pfullingen 1957. ⁵1962.

W. Jens: Die Perspektive im Roman. In: Jahresring 61/62. Stuttgart 1961, S. 63–86.

W. Jens: Herr Meister. Dialog über einen Roman. München 1963.

U. Johnson: Berliner Stadtbahn. In: Merkur 15, 1961, S. 722–733.

W. Joho: Kann man noch Romane schreiben? In: Neue Deutsche Literatur 17, 1969, H. 1, S. 23–28.

E. Kahler: Die Verinnerung des Erzählens. In: Die neue Rundschau 68, 1957, S. 501–546 und 70, 1959, S. 1–54, 177–220.

W. Kayser: Entstehung und Krise des modernen Romans. Stuttgart 1955. ⁵1968.

W. Kayser: Wer erzählt den Roman? In: Die neue Rundschau 68, 1957, S. 444–459. Auch in: Zur Poetik des Romans, hg. von V. Klotz, 1965, S. 197–216.

M. Kesting: Zur Theorie des modernen Romans. In: Kesting, Entdeckung und Destruktion. Zur Strukturumwandlung der Künste. München 1970. S. 11–66.

D. Kimpel: „Beiträge zur geistigen Bewältigung der Welt ..." Über den Romanbegriff Robert Musils. In: Deutsche Romantheorien, hg. von R. Grimm, 1968, S. 374–395.

V. Klotz (Hg.): Zur Poetik des Romans (Wege der Forschung XXXV). Darmstadt 1965. ²1969.

H. Koopmann: Die Entwicklung des ‚intellektualen Romans' bei Thomas Mann. Untersuchungen zur Struktur von „Buddenbrooks", „Königliche Hoheit" und „Der Zauberberg". Bonn 1962. ²1971.

H. Koopmann: Thomas Mann. Theorie und Praxis der epischen Ironie. In: Deutsche Romantheorien, hg. von R. Grimm, 1968, S. 274–296.

R. Koskimies: Theorie des Romans. Helsinki 1935. Nachdruck Darmstadt 1966.

E. Lämmert: Bauformen des Erzählens. Stuttgart 1955. ⁴1970.

K. R. Mandelkow: Hermann Brochs Romantrilogie „Die Schlafwandler". Gestaltung und Reflexion im modernen deutschen Roman. Heidelberg 1962.

B. Markwardt: Geschichte der deutschen Poetik. Bd. 5. Berlin 1967.

F. Martini: Krise und Zukunft des Romans. In: Die Pforte 1, 1947/48, S. 742–758.

F. Martini: Wandlungen und Formen des gegenwärtigen Romans. In: Der Deutschunterricht 3, 1951, H. 3, S. 5–28.

H. Meyer: Zum Problem der epischen Integration. In: Trivium 8, 1950, S. 299–318.

H. Meyer: Das Zitat in der Erzählkunst. Zur Geschichte und Poetik des europäischen Romans. Stuttgart 1961. ²1967.

K. Migner: Theorie des modernen Romans. Eine Einführung. Stuttgart 1970.

N. Miller (Hg.): Romananfänge. Versuch zu einer Poetik des Romans. Berlin 1965.

G. Müller: Die Bedeutung der Zeit in der Erzählkunst. Bonn 1947.

P. Nusser: Musils Romantheorie. The Hague, Paris 1967.

R. Petsch: Wesen und Formen der Erzählkunst. Halle 1934. ²1942.

B. Rang: Der Roman. Kleines Leserhandbuch. Freiburg 1950. ²1954.

W. Rasch: Über Robert Musils Roman „Der Mann ohne Eigenschaften". Göttingen 1967.

H. S. Reiss: Stil und Struktur im modernen europäischen experimentellen Roman. In: Akzente 5, 1958, S. 202–213.

G. Rohrmoser: Literatur und Gesellschaft. Zur Theorie des Romans in der modernen Welt. In: Literatur und Gesellschaft vom 19. ins 20. Jahrhundert. Festgabe für Benno von Wiese. Hg. von H. J. Schrimpf. Bonn 1963. S. 1–21. Auch in: Deutsche Romantheorien, hg. von R. Grimm, 1968, S. 396–411.

E. T. Rosenthal: Das fragmentarische Universum. Wege und Umwege des modernen Romans. München 1970.

M. Rychner: Vom deutschen Roman. In: Rychner, Arachne. Aufsätze zur Literatur. Zürich 1957. S. 31–53.

G. Saiko: Der Roman – heute und morgen. In: Wort in der Zeit 1963, H. 2, S. 37–40.

A. Schirokauer: Bedeutungswandel des Romans. In: Maß und Wert 3, 1940, S. 575–590. Auch in: Zur Poetik des Romans, hg. von V. Klotz, 1965, S. 15–31.

D. Schlenstedt: Zur deutschen Romanentwicklung im 20. Jahrhundert. In: Weimarer Beiträge 14, 1968, S. 15–29.

W. v. Scholz: Von der Kunst des Romans. In: Die neue Rundschau 39, 1928, Bd. 1, S. 87–95.

E. Spranger: Der psychologische Perspektivismus im Roman. Eine Skizze zur Theorie des Romans erläutert an Goethes Hauptwerken. In: Jahrbuch des Freien Deutschen Hochstifts 1930, S. 70–90. Auch in: Zur Poetik des Romans, hg. von V. Klotz, 1965, S. 217–238.

F. Stanzel: Die typischen Erzählsituationen im Roman. Dargestellt an Tom Jones, Moby Dick, The Ambassadors, Ulysses u. a. Wien und Stuttgart 1955.

F. Stanzel: Typische Formen des Romans. Göttingen 1964. ⁴1969.

H. Steinecke: Hermann Broch und der polyhistorische Roman. Studien zur Theorie und Technik eines Romantyps der Moderne. Bonn 1968.

R. H. Thomas/W. van der Will: Der deutsche Roman und die Wohlstandsgesellschaft. Stuttgart, Berlin, Köln, Mainz 1969.

F. Trommler: Roman und Wirklichkeit. Eine Ortsbestimmung am Beispiel von Musil, Broch, Roth, Doderer und Gütersloh. Stuttgart, Berlin, Köln, Mainz 1966.

O. Walzel: Das Wortkunstwerk. Mittel seiner Erforschung. Leipzig 1926. Nachdruck Darmstadt 1968.

F. C. Weiskopf/K. Hirschfeld: Um den proletarischen Roman. In: Zur Tradition der sozialistischen Literatur in Deutschland. Eine Auswahl von Dokumenten. Berlin und Weimar ²1967. S. 191–200.

W. Welzig: Der deutsche Roman im 20. Jahrhundert. Stuttgart 1967. ²1970.

T. Ziolkowski: Dimensions of the Modern Novel. German Texts and European Contexts. Princeton 1969.

V. Žmegač: Alfred Döblins Poetik des Romans. In: Deutsche Romantheorien, hg. von R. Grimm, 1968, S. 297–320.

V. Žmegač: Kunst und Wirklichkeit. Zur Literaturtheorie bei Brecht, Lukács und Broch. Bad Homburg, Berlin, Zürich 1969.

Zur Kritik des Romans. Maßstäbe und Möglichkeiten der Kritik zur Beurteilung der zeitgenössischen Literatur. [Referate und Diskussionen]. In: Sprache im technischen Zeitalter 1964, H. 9/10, S. 686–715.

Unser Jahrhundert und sein Roman. Resumée einer Diskussion. In: Akzente 13, 1966, S. 2–27.

Romanschreiben heute. – H. Plavius: Gedanken zum Roman. Vorüberlegungen für ein Gespräch; Ansichten und Aussichten [Diskussion]. In: Neue Deutsche Literatur 16, 1968, H. 5, S. 12–42.

REGISTER

Das Register verzeichnet und vervollständigt die Namen und Werktitel, die im Text genannt werden. Bei fremdsprachigen Werken ist zusätzlich der Originaltitel angegeben, wenn er im Text verwendet wird. Mit * bezeichnete Seitenzahlen beziehen sich auf eigene Texte der genannten Autoren. In Klammern gesetzte Seitenzahlen bedeuten, daß das Stichwort im Text nicht direkt erscheint.

Adorno, Theodor W. *77–81, 112, 116, 117
Andersch, Alfred *100–103, 106
– Opferung eines Widders 106
– Die Rote 101
– Sansibar oder der letzte Grund 101

Bach, Johann Sebastian 12
Bachmann, Ingeborg 117
– Früher Mittag 117
Balzac, Honoré de 74, 76, 94
Barbusse, Henri 82
Baumgart, Reinhard *111–116
Becker, Jürgen *103–108
Beckett, Samuel 116, 117
Beer-Hofmann, Richard 75
– Der Tod Georgs 75
Benjamin, Walter *60–64, 113
Benn, Gottfried 34, *68–70
– Der Ptolemäer 69
– Roman des Phänotyp 68, 69
Bennett, Arnold 62
Bense, Max 101
Bernanos, Georges 98
Bernhard von Clairvaux 109
Bienek, Horst 100–102
Böll, Heinrich *98–100, 106
Borges, Jorge Luis 111

Brecht, Bertolt *65–68
– Die Geschäfte des Herrn Julius Cäsar 65, (66)
Breughel, Pieter d. Ä. 66
Broch, Hermann *48–60, 74–76
– Die Schlafwandler (49), 74
– Die Schuldlosen 59, (60)
– Der Tod des Vergil 57, (58), (59), 75, 76
Brody, Daisy (49)
Brody, Daniel 48, (49)
Browning, Robert 17
– Paracelsus 17
Butor, Michel 105, 106

Camus, Albert 98
Celan, Paul 117
– Die Todesfuge 117
Céline, Louis-Ferdinand 115
Cervantes Saavedra, Miguel de 22, 26
– Don Quixote 23, 29, 61, 63, 112
Cocteau, Jean 98
Constant, Benjamin 94

Dante Alighieri 22, 26, 28
– Die göttliche Komödie 28
Dickens, Charles 47

Doderer, Heimito von *83–91, 94, 97
- Die Dämonen 85
- Die Posaunen von Jericho 83
Döblin, Alfred *20–34, 40, 91
- Berge Meere und Giganten (27)
- Die drei Sprünge des Wang-lun (30)
- Manas. Epische Dichtung 40
Dos Passos, John 56, 74
- Manhattan Transfer 74
Dostojewskij, Fjodor M. 3, 22, 32, 50, 56, 71, 72, 74, 77, 80, 94, 120
- Die Dämonen 3
- Raskolnikow 32
Dujardin, Edouard 75
- Geschnittener Lorbeer (Les lauriers sont coupés) 75

Ehrenstein, Albert 34
Eich, Günter 117
Einstein, Albert 94
Einstein, Carl *12–14, 69
- Bebuquin 69
Eisenreich, Herbert *93–98
Enzensberger, Hans Magnus 117
- Schläferung 117

Faulkner, William 75, 91, 98, 115
Fielding, Henry 78, 119
- Tom Jones 78
Flake, Otto *34–36
- Die Stadt des Hirns 34
Flaubert, Gustave 2, 32, 69, 70, 73, 76, 78, 94
- Bouvard und Pécuchet (Bouvard et Pécuchet) 73
- Lehrjahre des Gefühls (L'Education sentimentale) 10, 63
- Madame Bovary 32

Fontana, Oskar Maurus 36, (37), (39)
Fontane, Theodor
- Der Stechlin (113)
France, Anatole 47
Franz Josef I. 37
Freud, Sigmund 77, 94
Frisch, Max 102, 103, 114
- Homo faber 102
- Mein Name sei Gantenbein 114
- Stiller 102

Genet, Jean 101
George, Stefan 51
Gide, André 48, 56, 69, 78
- Die Falschmünzer (Les Faux-Monnayeurs) 78
- Paludes 69
Gilbert, Stuart 53
Goethe, Johann Wolfgang von 8, 10, 18, 56, 57, 85, 87–90
- Faust (87)
- Die Leiden des jungen Werther (113)
- Die Wahlverwandtschaften 10
- Wilhelm Meisters Lehrjahre 10
- Wilhelm Meisters Wanderjahre 61
Gogol, Nikolaj 11
Grass, Günter 98
Green, Julien 98
Greene, Graham 98
Gütersloh, Albert Paris (87), *108–111

Haas, Willy (46–48)
Hamsun, Knut 71
- Mysterien 71
Hauptmann, Gerhart 70
Hebbel, Friedrich 93
Hegel, Georg Wilhelm Friedrich 120

Heimann, Moritz 64
Heißenbüttel, Helmut 101, 104, 114, *119–122
Hildesheimer, Wolfgang *116–118
Homer 9, 12, 22, 26, 28, 46, 53, (82)
– Ilias 9, 13, 82
– Odyssee 9, (53)
Huxley, Aldous 48, 75

Ibsen, Henrik 17

James, Henry 116
Jean Paul (J. P. Friedrich Richter) 74, 94
Jens, Walter 107
– Herr Meister 107
Johnson, Uwe 101, 106, 107
– Das dritte Buch über Achim 106
Joyce, James 48–54, 57, 58, 74–76, 80, 86, 91
– Finnegans Wake 76
– Jugendbildnis (A Portrait of the Artist as a Young Man) 74
– Ulysses (49), 50, 53, 54, (76)

Kafka, Franz 72, 79, 80
– Der Prozeß 72
Kahler, Erich *73–77
Kant, Immanuel 87
Keller, Gottfried 94
Kipling, Rudyard 81, (82)
– Kim 81
Kluge, Alexander 113, 115
– Lebensläufe (113), 115
Kraus, Karl 81, 115
Kreuder, Ernst *91–93, 100

Langgässer, Elisabeth 74
– Das unauslöschliche Siegel 74
Lecomte du Nouy, Pierre 74

Leibniz, Gottfried Wilhelm 85
Leskow, Nikolaj 60
Liebermann, Max 70
Lowry, Malcolm 107
Lukács, Georg *15–20, 62, 80

Mann, Heinrich 56, *70–71
Mann, Thomas *1–12, 56, 58, 73–76, 79, 98, 105, 107, 115
– Bekenntnisse des Hochstaplers Felix Krull (5)
– Die Betrogene 79
– Buddenbrooks 6
– Doktor Faustus 73, 74, 76, 105
– Der Erwählte 79
– Lotte in Weimar 76, 77
– Tonio Kröger 6
– Der Zauberberg 5, 6, (7), 48, 74, 113
Marlitt, E. (Eugenie John) 12
Maupassant, Guy de 32, 47
May, Karl 23
Mereschkowskij, Dmitrij 11
Meyer, Conrad Ferdinand 3
– Der Heilige 3
Morris, Wright 115
Mottram, Ralph Hale 82
Musil, Robert *36–46, 48, 56, 74, 75, 79, 86, 89
– Der Mann ohne Eigenschaften 36, (37–39), 42, (43), (44), 74, 79

Nicolson, Harold 82
Nietzsche, Friedrich 1, 11, 24, 108
Novak, Helga 119
Novalis (Friedrich von Hardenberg) 10, 16

Oelze, Friedrich Wilhelm 68, (69)

Pascal, Blaise 62, 69
Pinget, Robert 116

Platon 87
Poe, Edgar Allan 111
Powys, John Cowper 91
Proust, Marcel 58, 74, 75, 78–80, 86, 116
Puschkin, Alexander Sergejewitsch 11

Queneau, Raymond 116

Rembrandt Harmensz van Rijn 50
Rilke, Rainer Maria 44
Robbe-Grillet, Alain 98, 122

Sarraute, Nathalie 115
Schiller, Friedrich 11, 18
Schmidt, Arno 114, 115
Schnitzler, Arthur 75
– Leutnant Gustl 75
Scholochow, Michail Alexandrowitsch 82
Scott, Walter 47
Shakespeare, William 8, 26, 76
Simon, Claude 122
Snyders, Frans 50
Stendhal (Henri Beyle) 76, 94, 111
– Rot und Schwarz (Le Rouge et le Noir) (113)
Sterne, Laurence 74, 119
Sternheim, Carl 34
Stifter, Adalbert 84, 93, 94
– Der Nachsommer 84

Swift, Jonathan
– Gullivers Reisen 13
Swoboda, Hermann 86

Thackeray, William Makepeace 47
Thieß, Frank *71–73
Thomas von Aquin 110
Tolstoi, Leo Nikolajewitsch 6, 8, 9, 32, 47, 82, 94, 111
– Auferstehung 32

Valéry, Paul 102
Vergil (Publius Vergilius Maro) 12, 13
Vormweg, Heinrich 119, 120
Vulpius, Christian August 111

Wagner, Richard 6, 22, 52
Wassermann, Jakob *46–48
Wedekind, Frank 89
– Herakles (89)
Weiss, Peter 107
– Fluchtpunkt 107
Wellershoff, Dieter *122–123
Wells, Herbert George 81, (82)
Werfel, Franz 44
Wilhelm II. 37
Wittgenstein, Ludwig 48
Wolfe, Thomas 91
Woolf, Virginia 116

Zola, Émile 6, 32, 50, 70, 73, 82
Zweig, Arnold *81–83